U0523880

国际儒学联合会资助出版

中华文化新读

公天下与家天下

大同、小康与儒家的社会理想

干春松 著

四川人民出版社

图书在版编目（CIP）数据

公天下与家天下：大同、小康与儒家的社会理想 / 干春松著. — 成都：四川人民出版社, 2022.11
ISBN 978-7-220-12851-6

Ⅰ.①公… Ⅱ.①干… Ⅲ.①儒家–哲学思想–研究 ②大同(政治主张)–研究–中国–古代 Ⅳ.①B222.05②D092.2

中国版本图书馆CIP数据核字（2022）第186974号

GONGTIANXIA YU JIATIANXIA DATONG XIAOKANG YU RUJIA DE SHEHUILIXIANG
公天下与家天下：大同、小康与儒家的社会理想

干春松　著

出版人	黄立新
责任编辑	唐婧
特约编辑	黄昕
封面设计	蔡立国
内文设计	毕梦博
内文排版	吴磊
责任印制	祝健
出版发行	四川人民出版社（成都市三色路238号）
网　址	http://www.scpph.com
E-mail	scrmcbs@sina.com
新浪微博	@四川人民出版社
微信公众号	四川人民出版社
发行部业务电话	（028）86361653　86361656
防盗版举报电话	（028）86361653
印　刷	成都国图广告印务有限公司
成品尺寸	130mm×200mm
印　张	9.25
字　数	142千
版　次	2022年11月第1版
印　次	2022年11月第1次印刷
书　号	978-7-220-12851-6
定　价	68.00元

图书策划：活字文化

■版权所有·侵权必究
本书若出现印装质量问题，请与我社发行部联系调换
电话：（028）86259453

目录

序 　　　　　　　　　　　　　　　　　　　Ⅰ

第一章　中国经典中的理想社会

社会理想也有"百家争鸣"　　　　　　　004
王者无外：儒家之爱中的亲情和普遍性　033
《礼记·礼运》之"大同""小康"及其
解释史　　　　　　　　　　　　　　　　048

第二章　公天下与家天下

公私之间：公私观念的演化　　　　　　　084
选贤与能：先秦政治转型中的公私观念　　108
禅让与革命：神话和理念　　　　　　　　117
世袭制度和人伦秩序　　　　　　　　　　135
平等和差序：一些理论性的延伸　　　　　158

第三章 大同、小康与现代中国

康有为的"大同""小康"论及其影响 190
无政府主义、民生主义对大同理想的
再理解 234
大同理想与社会主义的中国化 248
大同观念与新儒家的社会理想 262
史家吕思勉的大同释义 275

出版说明 283

序

全球化时代，民族国家固然是基本的政治单元，但亦出现了许多超越民族国家的人类共同利益，故将人类之命运结为一体。钱穆先生说，"吾国自古政治，即抱有一超阶级超民族的理想"（《政学私言》），此一理想的最简洁的表达就是"天下为公"的"大同"。

天下为公，即天下为天下人之天下，而非为一家一姓之私有物，体现了中国古人对于共有和共享的社会秩序的向往。近代以来，人们对共和政治和社会主义的理解，都借鉴了古人所描绘的大同理想。

《礼记·礼运》包含了许多儒家政治哲学的核心概念，比如贤能政治、禅让和世袭、礼制以及亲亲、尊尊等，并因为对五帝和三王之对应大同和小康等，都引发了包括文献和义理上的诸多讨论，几乎贯穿了整个儒学史，乃至中华文明史。对此问题的梳理不仅可以理解中国传统的秩序原理，也可以理解近代中国政治发展的一个侧面。

现今世界充满了霸权和冲突，在纷乱的世界中，人类亟须建立一种新的理解世界的方式，以达成和谐共存的目标。哈贝马斯等人的世界公民论和费孝通先生的"各美其美、美美与共"都体现出世界各国的思想家对世界现状的焦虑，重温儒家的大同理想，立足于文明的多样化、民族国家的世界体系，又能创造性地思考突破民族、地域、国家局限的人类共同意识，是我们回望大同理想的内在因由。

本书的写作得到国际儒联和活字文化的支持和鼓励，特别是李学军和吴浩的推动。在写作过程中，又得到常达和张华元等人从资料到文字上的帮助。特约编辑黄昕也提出了许多表达上的改进建议，在此一并致谢。

干春松
2022 年 1 月

第一章 中国经典中的理想社会

在传统中国，也存在着许多对于理想社会的构想，流传最广的当数陶渊明的《桃花源记》。文中说有渔民偶然从一隐秘路径进入桃花源，发现此地"土地平旷，屋舍俨然，有良田、美池、桑竹之属。阡陌交通，鸡犬相闻。其中往来种作，男女衣着，悉如外人；黄发垂髫，并怡然自乐"。这种与世隔绝、怡然自得、不闻世事的乌托邦，秉承了《道德经》中小国寡民、遗世独立的色彩，很得传统文人向往自然的心声。比如，王维在《桃源行》有诗句说：

平明闾巷扫花开，薄暮渔樵乘水入。
初因避地去人间，及至成仙遂不还。

宋代仙道之风盛行，苏东坡还要辩说陶渊明笔下的"桃花源"并非真的"仙境"。他说，若是仙境怎能有杀鸡待客之习俗呢？这种讨论问题的方式看起来与苏东坡的想象力不太匹配。凡此种种，可见"桃花源"已然成为国人心中理想社会之文学描述的原型。

自有人类社会以来，就有对理想社会的种种描述。零星描述最后凝聚为经典的表述，成为影响整个文明价值的重要内容。在儒家经典中，最具代表性的就是《礼记·礼运》篇中的"大同""小康"之说。然因《礼运》篇中大同降为小康有因确立礼仪制度而导致"谋用是作""兵由此起"之言，暗合《道德经》中"大道废，有仁义"之论，故而历代注家在解释和阐发的过程中，均会关注到大同小康之说与先秦诸子之间，尤其是与道家思想之间的关系。

春秋战国时期，中国社会处于由封建向郡县的转换过程中，在社会结构巨大变动的背景下，诸子百家纷纷提出了各自不同的社会治理方案和制度设置构想。在这些不同的设计中，都能体现出他们对终极社会理想，以及理想与现实如何妥协的路径的思考。诸子百家分享共同的文化传统，但却针锋相对，各有所擅，从而形成百家争鸣的局面。

在这些社会理想中，能与儒家分庭抗礼，产生巨大社会影响的主要是墨家和道家。本文在系统梳理儒家的《礼运》中的大同小康理论之前，先简略勾勒墨家和道家的思想，这些观念与大同小康有诸多的"缠绕"，也是诸子百家之间所冲突和融会的焦点问题。

社会理想也有"百家争鸣"

周公制礼作乐，确定嫡长子继承制，以血缘纽带来构建封建共同体，这被视为礼乐制度的完善形态。对于殷周制度的描述有很多可以争论的空间，不过大致可以接受的结论是，当统治者通过天意和民意的结合获得王权之后，他们便通过宗法、血缘的原则，委任亲属和军功人士构成一个权力的分层网络结构。❶ 这种以"家天下"为基本政治秩序的政治模式在中国延续了两千多年。

在周孔并称的儒家政治叙述体系中，礼乐文明被视为儒家的基本政治原则，任何超越以"礼制"为特征的文明理想描述都被看作是对儒家理念的背离，那么如何看待尧舜禅让的"公天下"体制呢？在儒家的经典叙述中，尧舜禹汤文武周公是一脉相承之道统的载体，然圣人因时立制，所立之制是否有高低之分呢？这就导致了人们对尧舜和其他君主所承载的"理想性"成分的认知的差异。

尧舜通过禅让而得天下，贯彻了天下为公的精神，而禹、汤、文、武，则是通过传子来进行权力的过渡。在经典的儒家话语系统中，基于对现实政治的批判，判定政治秩序的衰减是一种普遍性的论说方式。比如，

---

❶ 参看李峰《西周的政体：中国早期的官僚制度和国家》，生活·读书·新知三联书店，2010年，第302页。

孟子说"王者之迹息而诗亡，诗亡然后春秋作"(《孟子·离娄下》)，就是对政治秩序由王道衰退为霸道的写照。在荀子的文字中，我们也可以看到关于"先王之道"和法后王的争论，荀子认为先王之治道已经离我们很远，不一定符合当下的社会情形，需要应时而变。虽然他的王霸论没有孟子那么绝对，但他坚守了儒家的理想性。

经过几百年的社会发展，周公所制定的礼乐秩序已经日趋衰颓。在这个转变中，原来建立在血缘和宗法基础上的分封邦国，逐渐向相对独立的诸侯国转变。在政治权力层面，则呈现为由相对自治的各级贵族政治向权威的分层系统转变。许倬云把这样的过程定性为"新型国家"的建立。❶一些新的政治势力——士开始崛起，士的流动性意味着他们可以相对自由地代表不同的社会阶层，也可能代表不同的政治势力或某个新型国家的利益。❷由此，我们可以认为这些因为政治变动而新形成的阶层在文化资源上有共同点。尽管我

---

❶ 见许倬云：《中国古代社会史论》中的《新型国家》，广西师范大学出版社，2006年，第112页。

❷ 孟子在《万章下》中讨论了士之政治操守和解决生活困境的现象，并认为服务于父母之邦和谋食于其他诸侯的时候在态度上应有所差别，但并不否认士之自由流动的合理性。

们可以不简单地接受班固"诸子出于王官"❶的说法，但是诸子分享有相同的文献和价值这一点是可以找到充分依据的。比如，儒墨俱道"尧舜"，儒家和墨家在他们的政治叙事中，都以尧舜之治作为他们的出发点，尽管他们对尧舜之政治实质的理解是有差异的。

儒家和墨家在许多论题上有分歧，但也存在着互相吸收、借鉴的关系。儒墨之间的同源关系并非仅仅体现为墨子对儒家的差等之爱的反对，以及对天志、鬼神意志的强调，墨家的兼爱所体现的普遍性维度，也会推进着儒家对"理想社会"的构建。蒙文通依据《汉书·艺文志》中墨家出于"清庙之守"的说法，认为"清庙"与明堂制度有关，由此断定"若封禅之言禅让天子，巡狩之言黜陟诸侯，辟雍之选贤，明堂之议政，凡诸大端，莫不归本于明堂，导源于墨子"，并认为墨家"以极端平等之思想，摧破周秦之贵族阶级

---

❶ "诸子出于王官"是《汉书·艺文志》在总结诸子百家的源头时的一种说法，认为先秦诸子源自于创始人所掌管的不同领域，比如说，儒家出自司徒之官，名家出自礼官，等等。这个说法在近现代受到诸多的质疑。诸子的分化是社会分层加剧之后，不同阶层、不同理想的思想家对社会治理原则、社会发展方向的不同理解的体现。

政治，墨家之要义，一变而为儒者之大经"❶。

从孟子对儒墨之分的反复辩论可见，墨家在春秋战国时期的确构成了对儒家理念的冲击，尤其是当他们有共同的价值源头的情况下，围绕亲情所可能产生的公私之冲突，他们有各自的逻辑。在系统展现儒家历史对于大同小康的复杂争论之前，先讨论墨家和道家的"尚同"和"玄同"，对于我们从思想的相互冲突、相互借鉴的角度来理解儒家的观念，可能是大有裨益的。

墨家的兼爱、尚同思想

儒墨两家有许多共同的价值理念，比如都推重选贤与能，墨子也将"尧舜禹汤文武之道"（《墨子·尚贤下》）作为墨家之理想中的圣王之道。这种共同的价值会造成儒墨之间朱赤不辨的状况，并冲击儒家基于血缘而建立的礼制秩序。所以，孟子用"无君无父"来激烈地批判杨墨的学说。

墨家是通过对儒家"仁""义"等观念的重新认知

---

❶ 蒙文通：《论墨学源流与儒墨汇合》，载《蒙文通全集》（一），巴蜀书社，2015年，第94页。

来展开他们的理论的。在《墨子》看来,"仁人"的功业是兴利除害,其所针对的是儒家的"亲亲"之爱,墨家认为这样的爱无法覆盖到血缘以外的人群,这会造成人与人之间的互相伤害。墨子批评儒家说,若人们只是从自己的身体、家庭、国家出发来理解和展现爱,那么诸侯们就可以为了自己国家的利益而毁灭别的国家,家族之间亦可以为了自己的利益损害别的家族,人们也可以为了自己而伤害别人。在这样一切人伤害一切人的社会中,君臣、父子、兄弟之间的忠诚、慈爱和友善都难以实现。只有把爱从自己、家族和国家的局限中摆脱出来,才能消除强者、富者对弱者、贫困者的欺凌。所以,墨子主张"兼相爱、交相利"来对治儒家"亲亲有术,尊贤有等"(《墨子·非儒》)的观念。书中还借助晏子之口,指责儒家遵循差别性原则,只流于表面,最终会鼓发人民的叛乱,并扰乱民众的兼爱立场。即使大家都把孔子当作圣贤,齐国也不准备采用其学说。

墨家发现了儒家基于血缘的秩序在处理非血缘的陌生人问题时的困难,但墨子的解决方案是否可行呢?事实上,墨子的理论自身也存在困难。"兼相爱、交相利"的社会理论到底是从"利"来证明"爱"的可行性,还是从"爱"来论证"利"的可能性呢?根据墨子的文本，墨子的论证并非是基于逻辑或道德理想主义的信念，而是诉诸功利。他说：

> 天下之士君子，特不识其利、辩其故也。……夫爱人者，人必从而爱之；利人者，人必从而利之；恶人者，人必从而恶之；害人者，人必从而害之。（《墨子·兼爱中》）

这种基于经验事实的论证在证成效率上很有疑问，因而也难以通过兼爱来驳倒差等之爱在功利效果上的差异。

墨子也会借助"天"来进行理论推演。在《天志》等篇中墨子说"天意"是排斥"不义"的，但是墨子之落脚点还是在于"顺天意"会得到天的赏赐，反之则会受罚，依然是以"赏罚之利"来衡量的。

当有人质疑兼爱之可行性的时候，《墨子》辩护说：这是古代圣王之一贯立场，他引用《尚书》《诗经》的言辞，认为无论是禹汤还是周王，都以"天"的普遍性来证明爱之超越血缘和地缘的特性，认为王道荡荡，必是无偏无颇、公平无私的。这种文献共享的做法构成了儒墨之间特殊的"思想关联"，也让有的儒家学者认为儒家的大同论说是接受了墨家的价值立场，墨子用《尚书》《诗经》里的文本来证明其兼爱思想的做法，加剧了这样的"推测"。

在社会秩序的建构上，《墨子》对于兼爱社会的期待也依赖于以圣王为核心的贤能治理体系。《墨子·尚贤》篇中，墨子提出尚贤是王政之本，即圣王能够不论士之出身，只根据他的德行而拔擢，并赋予其社会身份、裁断是非的权力，以及丰厚的爵禄。虽然墨子是从"取法于天"和圣王的言论和事迹中，来说明尚贤才能让天下归心，百姓受益，从功利原则出发，墨家不否定爵禄在激发贤能之士的积极性时的重要作用。

墨子之"尚贤"基于他对于人类社会的"自然状态"的认知。

> 古者民始生，未有刑政之时，盖其语"人异义"。是以一人则一义，二人则二义，十人则十义，其人兹众，其所谓义者亦兹众。是以人是其义，以非人之义……是以内者父子兄弟作怨恶，离散不能相和合。天下之百姓，皆以水火毒药相亏害……天下之乱，若禽兽然。（《墨子·尚同上》）

这里"义"，既可以理解为"主张"，也可以理解为"规则",十人十义,是指人们不同的主张或对规则的认识差异。很显然,墨子对这种利益多元化而导致的争乱状态是不赞成的。

墨子对于人类缺乏共同规则而出现的混乱状况的假定类似于霍布斯对"自然状态"的描述。与霍布斯所说"让渡"个人权利以建立一个契约社会不同的是,墨子并没有权利的观念,他的希望是由贤能之士来"统一"人们的思想,最终接受由圣贤所确定的制度规则。所以,墨子的选贤政策关键在如何选拔从天子到地方官员的领导人才,在确定最高领导者之后,由他来逐级任命下一层级的官员。也就是先确立天子,由天子来选三公,再通过分封,由国君来选拔其国中之贤者,至于百姓的制约性权利则并没说明。他说:子认为,若是能选出贤能之士来建立各级秩序,就可以让人们各安其位。

墨子认为,若是能选出贤能之士来建立各级秩序,就可以让人们各安其位。所以,政治的关键在于选出最高"领导者",然后分级建立领导层以辅助之。

墨子主张兼爱,但承认人与人之间因为能力差异而存在的不平等状态。他看到了诸侯国之间的过度兼并所导致的社会灾难,对于春秋时期的霸权持反对态度。墨子从利益落实的角度认为,若是国土面积过大,就会产生因地理和风俗差异而导致对是非利害的认知障碍。这种"多国家"的体系,其实依然是周天子和封建诸国体制的改进版。

墨子与儒家一样,推崇"选贤与能"的社会流动机制。他们都尊奉尧舜,并认为这些圣王都是人们"选贤与能"的结果,选举过程要避免私人恩怨,而要坚持"公义"。《墨子》中列举了这些圣王发现自己的继承者的事例。

> 故古者尧举舜于服泽之阳,授之政,天下平;禹举益于阴方之中,授之政,九州成;汤举伊尹于庖厨之中,授之政,其谋得;文王举闳夭、泰颠于罝罔之中,授之政,西土服。故当是时,虽在于厚禄尊位之臣,莫不敬惧而惕,虽在农与工肆之人,莫不竞劝而尚德。(《墨子·尚贤上》)

在这样的机制中,被选拔出来的人,也可能因为绩效难以达到民众的期望而被解职,从而构成社会以贤能为标准的上下流动。

墨子的尚贤思想,秉持公天下的原则,通过对尧舜事迹的描述,墨子反对权力世袭的现实。不过,面对无法满足人们利益的统治者,墨子基于反对世袭制的立场，诉诸"天志"。相比于儒家的"天命"说在周代夺取商汤政权过程中所产生的"游移"❶，墨子认为，包括"天子"在内的所有人都必须"上同于天"（《墨子·尚同上》），这就是说，天意并非完全会依赖民意而转移，圣王需要"明天、鬼之所欲"（《墨子·尚同中》）。当然，墨子也会倾向于肯定天的意志就是让天下百姓获得利益，否则天子的行为会被"天"通过赏罚来纠正。"天子为善，天能赏之；天子为暴，天能罚之"（《墨子·天志中》），但墨子对"天志"的独立性的强调，反而与汉儒的天人感应观有更为直接的联系。在《墨子·非攻下》中，他给予汤武革命以神话化的描述。

从墨子的文本看，选贤任能存在着一个技术上的难题，即贤能的"认定"机制问题，在缺乏收集多数民意的技术可能的前提下，该如何选择"贤能之人"呢？从《尚同》篇的说法为例，"居上"者的眼光十分重要。被选拔出来贤能之士，要绝对听从上级。"上之

---

❶ 儒家基于要推翻纣王统治的目标，主张"天命靡常"，将统治权力的天意基础转移到"民心"的维度。但从更长的历史时段来看，天意的合法性始终是儒家对现实政治合法性的重要依据，参看干春松：《天、天命、天道：早期中国思想中的"理性"和"信仰"》（《基督教文化学刊》42辑，2—25页）。

所是，必皆是之；所非，必皆非之。"很显然，墨子的标准是自上而下的，即由上一级的领导阶层来选拔贤能之士，这就需要人们对上一级的领导者稳定的贤能判断能力有充分的信任。固然，墨子肯定了举荐的必要性，即各级都将各地的贤能之士举荐给当地的负责人，也指出向居上者提出批评建议的必要性，但"上同而不下比者"的"贤人标准"意味着，贤能之士首先要执行上级指示，并反对下级之间就这些指令进行沟通。由此可见，墨子所期待的"同"不是儒家所希望的"和"，而是趋向"单一服从"向度的。墨子所描述的秩序，是最高统治者掌握绝对决断权的君主集权，这样的"兼爱"导向了意志统一，而儒家的差等之爱则给个体和家族的小共同体留存了自治的空间。

孟子对墨子的兼爱说有激烈的批评，但在对待暴君的态度上，孟子与墨子的认识更有连续性。墨子认为对于暴君的征伐不能称为"攻"，而是"诛"，这与孟子关于"诛一夫"说法有相似性，墨家对"尚同"的社会作用的认识中，也与孟子"行一不义，杀一不辜而得天下"（《孟子·公孙丑上》）的理念有相似之处。虽然孟子是一个道德理想主义者，墨子更倾向于功利主义的道德观，但在论证获得政权的合法性依据等问题上有相似之处。墨子说："不杀不辜，不失有罪，则此尚同之功也"(《墨子·尚同中》)。若天下同风，都秉承兼爱的原则，那么那些为祸天下的人就无所立足。"使天下之为寇乱盗贼者，周流天下无所重足者，何也？其以尚同为政善也"(《墨子·尚同下》)。

在崇尚战功和兼并的春秋时代，墨子是一个旗帜鲜明的反战论者。他批评当时社会赏罚体系的矛盾和可笑。若有人偷窃邻居家的果实或入室抢夺，会因"不义"而受到严惩；而若是灭人之国，却会被视为英雄。《墨子》质疑说："今小为非，则知而非之；大为非攻国，则不知非，从而誉之，谓之义。此可谓知义与不义之辩乎？"(《墨子·非攻上》)攻伐是社会最大的祸害，对攻城略地的表彰混淆了社会的"正义"观念。基于经验主义的利益原则，墨子提出要保护被剥夺的弱小阶层和弱小国家的利益，并认为这才是"义正"。他说：

> 义正者何若？曰大不攻小也，强不侮弱也，众不贼寡也，诈不欺愚也，贵不傲贱也，富不骄贫也，壮不夺老也。(《墨子·天志下》)

墨子的思想带有平均主义色彩，其兼爱观点也力图冲破血缘伦理以及由此所衍生出的等级制。墨子所主张的是基于能力的"等级制",即个人根据自己的能力分属于不同的社会阶层,这是一种典型的"按比例平等"的思想。这种平等的实现需要以"同一"秩序来实现和维护,即通过逐级选贤与能的方式,最终"尚同乎天子"。这样的"同"与《礼记·礼运》中的"大同"思想是有很大差别的。

道家的"玄同"与"小国寡民"

墨子式的圣人,必然是忙碌而充满激情的——思想一统意味着必须事无巨细地行使管理责任。这一点与儒、道的圣人观有很大的差异。在儒家看来,圣人通过教化百姓而让他们具有自觉地遵循内心良知和外在规范的要求的能力,由此便可以达成"垂拱而治"的境界。而在主张"无为"方面,道家的想法则更具有超越性。如果说儒家式的"无为"是治理成功的结果,道家的"无为"则是一种"道法自然"的状态。

道家也说"同",如果说儒家和墨家的"同"有一种公共性和统一性的意味,那么,道家的"同"则是对分别的取消,也即"玄同"。在《道德经》第五十六章中有言:

> 知者不言，言者不知。塞其兑，闭其门，挫其锐，解其分，和其光，同其尘，是谓玄同。

刘笑敢在评析这段话的时候，强调了"玄同"对于"分辨之智"的超越。儒墨的选贤与能，都基于确立一个选择的标准和选择的眼光，因此，他们往往把这种难度系数很高的活动托付给"圣人"或"天"。所以，老子所提出的"塞兑""闭门""挫锐""解分""和光""同尘"，则是要解构现实生活中辨别善恶、对错、优劣、真伪的"标准化"的生活状态，甚至要否定这些标准本身的合理性。"要之，'玄同之境'是在看到'分辨之智'无能为力之后的更高阶段，而不是不辨是非的糊涂阶段。"❶

由此可见，"玄同"既非墨家贤能政治基础上统一于一人意志的"尚同"，也不是儒家强调共享的"大同"，而是不再有贵贱是非，是消除差别的状态。道家认为贤能政治是产生争乱的原因。《道德经》第三章中说：

> 不尚贤，使民不争。不贵难得之货，使民不为盗。不见可欲，使民心不乱。是以圣人之治，虚

---

❶ 刘笑敢：《老子古今》（上），中国社会科学出版社，2006年，第551页。

其心,实其腹,弱其志,强其骨。常使民无知无欲,使夫弱者不敢为也。为无为,则无不治。

差别化的秩序体系,会因不平等而产生的争乱。而这种不平等的秩序在现实中却是被礼乐这些道德所包装起来的。由此,《道德经》对儒墨所提倡的仁义观念提出了批评。在《道德经》第三十八章中,老子强调说,真正有道德的人是不会把道德挂在嘴边的,真诚的态度只可能是人心的自然流露。那种小心翼翼唯恐自己做错事的拘束状态,是对人的自由心灵的束缚,甚至是反道德的。由此,《道德经》对儒家的仁义礼为核心的道德系统展开了批评,提出:

失道而后德,失仁而后义,失义而后礼。夫礼者,忠信之薄而乱之首。

正是基于这段话,宋以后的许多儒家学者开始怀疑《礼运》之大同、小康之分是受了《道德经》的影响,对此问题在下节会有具体的讨论。

老子反对束缚人自然天性的"文明化"礼仪规则,这一点是明确的。在道家看来,既然万物玄同,那么用礼乐制度人为地"建构"起的社会规范,以及儒家付出全副身心来贡献的家、国家、天下都是违背人性的建制。老子所向往的理想社会是"小国寡民"的个体化生存空间。《道德经》八十章说：

> 小国寡民，使民有什佰之器而不用，使民重死而不远徙。虽有舟舆，无所乘之；虽有甲兵，无所陈之；使人复结绳而用之。甘其食，美其服，安其居，乐其俗。邻国相望，鸡犬之声相闻，老死不相往来。❶

对于这段话，前人有很多讨论。有的学者认为这是老子出于对现实生活不满而虚构出来的对远古生活复归的理想社会，也有学者认为是老子对春秋时代不断兼并的国家间紧张关系的批评。然而，在我看来，这是老子在"玄同"的认知理念下，对于一种超越美丑、善恶的"自然"秩序的推演。这种推演包含着对于文明发展的批判和对于远古淳朴生活的追念。后来

---

❶ 郑开说："老子政治哲学似乎不那么措意与提供某种具体详细的制度设计和治理方案，但这并不代表道家不持任何政治立场或缺乏政治期望。总的来说，老庄的政治哲学思考更多表现为批判性，质疑和消解旧制度及附庸与骑上的而传统政治社会和伦理观念，始终都是他们关切的主要问题。"郑开：《道家政治哲学发微》，北京大学出版社，2019年，第17页。

的庄子和黄老道学也多是以"无分彼此"的"玄同"为基础,来描摹他们"向往的生活"。

庄子也有"大同"的说法,"大同乎涬溟,解心释神,莫然无魂"(《庄子·在宥》),"涬溟"指的是自然之气,与人的身心相合,就会合一。庄子说人总是喜欢别人认可自己,这是对自我的偏执,"大同则无己"。郭象对这种物我一体的现象就称之为"玄同",很显然是符合庄子的原意的,因为《庄子》与《道德经》都常常使用"玄同"这个概念,其中的《胠箧》一篇,或许是对老子"玄同"概念的进一步阐发。文中说,世俗所说的那些掌握真知的人,以及达到至圣地位的人,都只是为大盗提供伤害自己的工具而已。他借用"鸡犬之声相闻"的典故说,以前齐国,"邻邑相望,鸡狗之音相闻",但因为立宗庙社稷,效法圣人,建立起地方乡里组织,最后田成子杀了齐君,成其窃国之业。这一切都是在"仁义"的名义下进行的。由此,庄子所说的"盗亦有道"中的"盗"所遵循的"道"就是儒家所主张的圣勇义知仁。

> 夫妄意室中之藏,圣也;入先,勇也;出后,义也;知可否,知也;分均,仁也。五者不备而能成大盗者,天下未之有也。(《庄子·胠箧》)

于是,《胠箧》篇提出要"削曾史之行,钳杨墨之口,攘弃仁义,而天下之德始玄同矣"。郭象解释说,"玄同"就是"各复其朴",回归到质朴的生活世界;成玄英的疏解说,曾参至孝,史鱼忠直,杨朱墨翟,最善于雄辩,这些人,把本来淳朴的世界分成各种"德性",让别人放弃自我而来效仿,由此,世间之人,便失去了自己的本性。唯有把这些人的言行学说尽皆摈弃,才能"物不丧真,人皆自得,率性全理,故与玄道混同也"❶。这样的解释并没有偏离《道德经》中的"玄同"的基本含义。

在《应帝王》篇中,庄子塑造了中央之帝浑沌的形象。当南海之帝和北海之帝为报答其善待之恩,而试图让浑沌具有视听食息这些感官功能,日凿一窍,最终七窍成而浑沌死。这则寓言,也是告诉我们,人们的感官认知功能是"杀死"自己纯真状态的"凶器"。

庄子书中有许多神山仙境,也有理想中的社会形态,如"至德之世""建德之国",从中可以看到《道德经》中"小国寡民"的明显影响。在《马蹄篇》中所描述的"至德之世"中,人们总是感到满足自在,

---

❶ 郭象注、成玄英疏:《庄子注疏》,中华书局,2011年,196页。

"当是时也，山无蹊隧，泽无舟梁；万物群生，连属其乡；禽兽成群，草木遂长。是故禽兽可系羁而游，鸟鹊之巢可攀援而窥。夫至德之世，同与禽兽居，族与万物并"。如果连人禽之别都不在了，还会有君子小人的差别吗？

在庄子所构造的上古世界中，掺杂着儒家的帝王和其他不知来历的人物，他是用寓言方式来解构儒家的理想社会。

若《庄子》内篇中的《逍遥游》和《齐物论》是要从理论上来建构一种"无是无非""无此无彼"的世界的话，那么《庄子·让王》中，则更多是通过对儒家传统故事的解构，来证明道家所说的"至德之世"才是真正的天下为公的"玄同"。庄子要强调的是儒家所构造的以"禅让"为基础的"天下为公"的"大同"世界，并不是彻底的"无私"。

在这篇寓言中，尧舜依然存有"公天下"之心，不过，他们所寄予厚望的禅让对象许由、子州支父、子州之伯、善卷等并没有将"天下"看得如此之重，更不愿意为治理天下这样的"琐事"而放弃自由自在的生活。

> 尧以天下让许由，许由不受。又让于子州支

父，子州之父曰："以我为天子，犹之可也。虽然，我适有幽忧之病，方且治之，未暇治天下也。"夫天下至重也，而不以害其生，又况他物乎！唯无以天下为者可以托天下也。舜让天下于子州支伯，子州支伯曰："予适有幽忧之病，方且治之，未暇治天下也。"故天下大器也，而不以易生。此有道者之所以异乎俗者也。

舜以天下让善卷，善卷曰："余立于宇宙之中，冬日衣皮毛，夏日衣葛絺。春耕种，形足以劳动；秋收敛，身足以休食。日出而作，日入而息，逍遥于天地之间，而心意自得。吾何以天下为哉！悲夫，子之不知余也。"遂不受。于是去而入深山，莫知其处。舜以天下让其友石户之农。石户之农曰："捲捲乎，后之为人，葆力之士也。"以舜之德为未至也。于是夫负妻戴，携子以入于海，终身不反也。❶

舜的友人看到舜腰背蜷缩，勤劳坚固，甚至不惜举家搬迁，他们害怕舜要把天下让给他们来管理。或

---

❶ 郭象注、成玄英疏：《庄子注疏》，中华书局，2011年，第504-505页。

许我们从这则寓言故事中，所能看到的是个人自由与社会责任之间的冲突，也能读出人各有志的意味。但在《盗跖》篇中，儒家那些理想中的君王，却都成了"乱人之徒"。文中肯定了有巢氏和神农氏的"原始"生活，说在那个时候，

> 民知其母，不知其父，与麋鹿共处，耕而食，织而衣，无有相害之心。此至德之隆也。然而黄帝不能致德，与蚩尤战于涿鹿之野，流血百里。尧舜作，立群臣，汤放其主，武王杀纣。自是之后，以强陵弱，以众暴寡。汤武以来，皆乱人之徒也。

篇中说黄帝之后的君王，建立了上下尊卑秩序，崇尚战争和争夺，于是"强陵（陵通凌）弱""众暴寡"。并批评孔子以文武之道来教化天下百姓的做法是驱民为盗。

> 世之所高，莫若黄帝。黄帝尚不能全德，而战涿鹿之野，流血百里。尧不慈，舜不孝，禹偏枯，汤放其主，武王伐纣，文王拘羑里。此六子者，世之所高也，孰论之，皆以利惑其真而强反其情性，其行乃甚可羞也。

黄帝汤武这些儒家的圣王和世俗所称誉的人，实质是行有所亏，不能发现真道，违背自然之性，他们的行为令人感到羞耻。

先秦至汉代深受道家思想影响的学派，都会沿着"玄同"的思路去建构其理想社会。对此，郑开讨论了有别于王道与霸道的"帝道"概念，他认为这是形成于秦汉之际的黄老道学的政治哲学的重要概念，它超越了王霸之道，推动社会由德礼系统向道法系统的转变。❶ 不过，黄老政治哲学也并非完全摈斥现实秩序，而是要为帝道和王霸之道找到更为抽象的自然依据。比如《吕氏春秋·恃君》说：

> 昔太古尝无君矣，其民聚生群处，知母不知父，无亲戚、兄弟、夫妻男女之别，无上下、长幼之道，无进退揖让之礼，无衣服、履带、官室、蓄积之便，无器械、舟车、城郭险阻之备，此无君之患。

上古社会没有君臣、血缘亲情，也无需礼仪规训，但没有君主的社会也不可能提供方便我们生活的设施。

---

❶ 郑开：《道家政治哲学发微》，北京大学出版社，2019年，第207页。

《吕氏春秋》这种说法糅合了儒、道的观念。

前文已述，陶渊明的《桃花源记》给我们描绘了一个与世隔绝也与世无争的逍遥世界，晋代还有一位思想家鲍敬言提倡"无君论"。近代的无政府主义者，都喜欢将鲍敬言视为中国提倡无政府主义的先驱。

《抱朴子·诘鲍》中保存了鲍敬言的思想，其继承了老庄对于礼乐秩序的批判精神，认为雕梁画栋、络马首和牵引重物，不是树木、马匹和牛之本性所愿意的。现实中的社会秩序和经济政治制度，都只是帮助强者压制弱者、智者欺负愚者的工具而已。更可悲的是，百姓还要交税去供养这些压榨自己的人，所以鲍敬言向往古代"无君"的时代。

鲍敬言引用《道德经》的意思说，"道德不废，安取仁义"？他认为确立尊卑之礼是为了维护统治者的权力结构，而历代的君王，多是享乐骄奢残暴之人，要达到理想的社会，就要"无君"。

法家的制法与尚贤

法家从道家那里吸收了许多"智慧"，大多数法家思想家也赞成人类早期处于自然状态，但他们更倾向于认为这种自然状态是一种无序状态。从商鞅、慎到，再到韩非子都肯定了制度（法）的重要性，认为若是设立完善的制度规范，便可以事半功倍。顺此，统治者最重要的职责就是制定尽可能合理的制度，并让自己从杂乱的事务中解脱出来。因此，中国历史上对于"天下"与"天子"关系最为激动人心的表述可能来自慎到：

> 古者立天子而贵之者，非以利一人也。曰：天下无一贵，则理无由通，通理以为天下也。故立天子以为天下，非立天下以为天子也；立国君以为国，非立国以为君也；立官长以为官，非立官以为长也。法虽不善，犹愈于无法，所以一人心也。（《慎子·威德》）

这个论述存在一种转折，他为君主权力进行辩护，即君主的权力让制度运行从而方便天下人。即使是有缺憾的秩序，也好过没有秩序。

法家并不认同"玄同"式的"无为而治"，但为了实现社会管控，他们也会主张"尚贤"。

比如，商鞅就明确地说社会由家族制到贵族制到官僚制的转变，不仅会带来观念的变化，也会带来选官制度的转化。《商君书·开塞》说：

> 天地设而民生之。当此之时也，民知其母而不知其父，其道亲亲而爱私。亲亲则别，爱私则险。民众，而以别、险为务，则民乱。当此时也，民务胜而力征。务胜则争，力征则讼，讼而无正，则莫得其性也。故贤者立中正，设无私，而民说仁。当此时也，亲亲废，上贤立矣。凡仁者以爱利为务，而贤者以相出为道。民众而无制，久而相出为道，则有乱。故圣人承之，作为土地货财男女之分。分定而无制，不可，故立禁。禁立而莫之司，不可，故立官。官设而莫之一，不可，故立君。既立君，则上贤废而贵贵立矣。然则上世亲亲而爱私，中世上贤而说仁，下世贵贵而尊官。上贤者以道相出也，而立君者使贤无用也。亲亲者以私为道也，而中正者使私无行也。此三者非事相反也，民道弊而所重易也，世事变而行道异也。

法家并不相信存在始终不变并持久有效的制度，认为世异则事异，没有一以贯之的治理之道。儒墨所称道的仁义也只是骗人的谎言，那些禅让和天下为公的说法，都是儒墨之徒编出来的，无助于社会有效地运行。社会运转的动力由利益驱动。为了获得利益的最大化，韩非子相信治理社会最有效的途径就是

"法""术"和"势",即规则、计谋和权势。他说:

> 桀为天子,能制天下,非贤也,势重也;尧为匹夫,不能正三家,非不肖也,位卑也。(《韩非子·功名》)

意思是说,桀能控制天下,并不是因为他贤于别人,而仅仅是因为他有天子之位。尧在没有权势的时候,连自己家里的事情都摆不平。他还认为尧舜之间的权力转移也不是由禅让达成的,而是相逼而夺取的。汤武更是人臣弑君的犯乱之人。是他们自我标榜,才让天下人以为他们真是圣王。

韩非子的思想有其复杂之处,他并非简单地反对仁义,也不对圣人持全然否定态度。他解释"仁"的含义也颇得儒家之"仁"的真意。韩非子在《解老篇》中说:

> 仁者,谓其中心欣然爱人也。其喜人之有福,而恶人之有祸也。生心之所不能已也,非求其报也。

这强调了仁者爱人是发自内心,而非有功利之心的。但韩非子《解老》说：

> 道有积而德有功，德者道之功。功有实而实有光，仁者德之光。光有泽而泽有事，义者仁之事也。事有礼而礼有文，礼者义之文也。故曰："失道而后失德，失德而后失仁，失仁而后失义，失义而后失礼。"

这段话是对《道德经》三十八章的解释。在韩非子这里，并没有将道德与仁义礼完全对立起来，而是看成一种派生关系：根源是道，道派生德，德派生仁，仁派生礼。这种派生关系意味着"道"作为社会秩序的最终根据。

司马迁在《史记》中，把道家和法家做了勾连，从《解老》等作品看道法两家的思想联系是很紧密的。老子所强调的人之所患在于"有身""不知足"等思想也被韩非子用以理解如何建构社会秩序和圣人的作用。韩非说，既然常人都难以避免利欲之心，所以圣人要尽量满足人们的生存生活需要。《解老》说：

> 圣人不引五色，不淫于声乐，明君贱玩好而去淫丽。人无毛羽，不衣则不犯寒。……不食则不

能活。是以不免于欲利之心，欲利之心不除，其身之忧也。故圣人衣足以犯寒，食足以充虚，则不忧矣。众人则不然，大为诸侯，小余千金之资，其欲得之忧不除也，胥靡有免，死罪时活，今不知足者之忧，终身不解，故曰："祸莫大于不知足。"

基于对人的自然特性的了解，韩非子特别强调以刑罚和规矩来统一人们的行为。在《大体》篇中，韩非提出了以法制为唯一原则的"至安之世"。治理就是要"寄治乱于法术，托是非于赏罚"，"不逆天理，不伤情性"，"守成理，因自然"，由此，"故至安之世，法如朝露，纯朴不散，心无结怨，口无烦言"。韩非一统于刑罚的治理方法在春秋战国的争乱局面中取得了很好的效果，即使是荀子在秦国看到的也是"其百姓朴，其声乐不流污，其服不挑，甚畏有司而顺，古之民也"。（《荀子·强国》）在这样的制度下，政令严肃，人们公私分明，是一种极其有效的治理方式。但是，荀子认为若没有儒家的参与，任何秩序都难以长久。这样的解释可能体现了儒家的本位思想，不过何以说儒家的观念更为适合长治久安呢？这要从儒家对仁爱的理解入手。

王者无外：儒家之爱中的亲情和普遍性

墨子"尚同"，老庄提倡"玄同"，儒家则推崇天下为公的"大同"。可是，近代西学东渐以来，人们却习惯于批评以儒家文化为核心的中华文明缺乏"公共性"视野和"共同体"意识。

不过，近代中国人所看重的"共同体"指的是"民族国家"，而在传统中国，往往是把家族这个小共同体或天下这个超级共同体看得更重，"国家"只是连接家与天下的一个中间环节而已。对此，近代中国人观念的重要奠基者梁启超和孙中山都呼吁人们着眼现实，以建立现代国家为重。梁启超在其感动世人的《新民说》之《论国家思想》一文中，要人们"对一身而知有国家""对于朝廷而知有国家""对于外族而知有国家""对于世界而知有国家"。梁启超既反对人们只顾自己私人利益，也反对以世界主义来掩盖国家的重要性。梁启超所谓的"公德"，主要是建立国家意识，在个人对团体的责任中，主要强调对国家的责任和义务。孙中山在"三民主义"的系列讲演中，既反对只知家族利益缺乏国家意识的一盘散沙的状况，也认为世界主义只是帝国主义糊弄落后国家的一种高调的理论而已。

在进入以民族国家为基本单元的国际秩序时，从国家利益出发来确立"公共意识"，是时势的要求。

近代对于儒家血缘伦理的误会

近代中国在国家竞争中的失败触发了文化的自我批判，矛头所向主要是渗透到中国的秩序肌理中的儒家纲常伦理。最激烈者包括谭嗣同、陈独秀、吴虞等。陈独秀更是将纲常礼教与自由平等视为东西文明的"分水岭"。他说：

> 三纲之根本义，阶级制度是也。所谓名教，所谓礼教，皆以拥护此别尊卑明贵贱之制度者也。近世西洋之道德政治，乃以自由平等独立之说为大原，与阶级制度极端相反，此东西文明之一大分水岭也。❶

此文刊于《新青年》(《青年杂志》一卷六号)，可以视为新文化运动一个定调式的文化立场。随后，三

---

❶ 陈独秀：《吾人之最后觉悟》，《陈独秀著作选编》，第一卷，上海人民出版社，2009年，第204页。

纲被视为对于权力的服从、为专制政治张目，是把臣子、妻子、儿子视为秩序的附属品，并扼杀了人性的自由和平等的天赋权力。费孝通所说的差序格局，其中的差序就是"人伦"，是以自己为原点推演出区别对待的社会秩序。费孝通的分析也包含有批判的意识。

通过政治家、思想家和学者的多声部所构成的"批判"和声，将儒家的价值"局限于"亲亲、尊尊、长长的血缘伦理。他们认为，在儒家影响下的社会，人们的关切只能到达关系中人，而不及没有血缘关系的"陌生人"。对于没有关系的人或事，人们便可以事不关己，听之任之。所以费孝通说"孔子的道德系统里绝不肯离开差序格局的中心"❶，社会结构只是依关系而建构的道德圈层，国家和其他的共同体也是依此原则运行的。

毋庸置疑，这是一种基于建设民族国家的现实需要而提出的价值判准，以及基于国家竞争失败之后的文化归因主义论断。儒家是否缺乏血缘之外的普遍性关怀，这在理念和现实中都很容易得出肯定性的结论。博施济众、亲亲仁民爱物以及张载的民胞物与都体现

---

❶ 费孝通：《乡土中国 生育制度 乡土重建》，商务印书馆，2011年，第30页。

了儒家对于人与自然的共同体意识。那么，如果我们能够对仁爱观念的层次性做一个梳理，就可以看到儒家由个体到群体的爱的扩展程序。与墨家或基督教的博爱所不同的是，儒家强调了人的自然血缘联系作为爱的出发点的必要性。

儒家之爱的逻辑：爱自亲始，推己及人

前述墨子用兼爱来批评儒家的血缘之爱的时候，墨子将亲情和普遍之爱对立起来的方式，招致孟子的反击。孟子认为，亲情之爱和泛爱众的普遍之爱是"一本"而非对立性的"二本"（《孟子·滕文公上》）。这在儒家传统里是一以贯之的，自孔子以来，一直强调爱自亲始，因为在养生丧死的过程中，人们体会了人类之间的天然情感，并将之制度化为社会规范。但这种爱并非封闭的，而是会不断推扩并惠及其他人，即所谓"亲亲仁民爱物"，"老吾老以及人之老，幼吾幼以及人之幼"。重视家庭伦理及人伦的意义固然是儒家思想的原点，但儒学之仁爱并没有如墨子所批评的那样，只顾血缘家族利益而忽视社群和更大范围的共同体的福祉。

作为一种系统的秩序理论，儒家并不赞同忽视家

族利益的"兼爱"。一方面，若对生养自己的父母都缺乏特别的责任感而去功利性地谈论爱邻人，这很难在情感上获得理解。儒家强调"诚"的态度，即真实地对待自己的内心。另一方面，"兼相爱交相利"更像是一种愿望而难以在现实中落实，且本身墨子所提供的利益分配原则也是以"能力"大小为标准，所以很难认为其"交相利"是基于"平等"原则的。

儒家对于从个体修身出发，敦睦亲属，到治国平天下的一致性存在着一种类似信仰式的坚持。这样的信念在文明的开端时期源自于团体生存的需要。比如，部落联盟的建立就需要不断地消弭掉一部分各自部落的独特性，从而造就新的共同体的凝聚力。这种产生于现实需要的生存智慧，经由经典化的表达，则被赋予了应然性甚至神圣性。比如《尚书·尧典》说：

> （尧）钦明文思安安，允恭克让，光被四表，格于上下。克明峻德，以亲九族；九族既睦，平章百姓；百姓昭明，协和万邦，黎民于变时雍。

由此可见，尧治理天下的顺序就是由个体的"恭让"发展到"亲睦""教化"，最后的目标是"协和万邦"。这可能是我们能看到最早的、关于以"亲亲之爱"而转进于跨越血缘之爱的记载。后来我们在《大学》中看到的修身、齐家、治国、平天下和《中庸》中由修身到"王天下"的顺序的概括，都是对这种价值的引申和反复强调。

己身、家、天下的一致性

那么，如何从理论上论证由己身、家到天下的一致性呢？早期儒家比较侧重于从"天"的普遍性来说明。在中国早期文本中，"天"的含义虽然比较复杂，但在孔子的思想中，天具有"自然之天""主宰之天"的含义已经十分显豁，天具有无所不覆的特性可以引申出其普遍性的面向。在以天道明人事的思维方式下，天所具备的超越人事的普遍性、超越性特征又反过来作为人类秩序的普遍性的依据。诸如无私、公平等价值由此得到发展。

> 与天地相似，故不违。知周乎万物，而道济天下，故不过。旁行而不流，乐天知命，故不忧。安土敦乎仁，故能爱。范围天地之化而不过，曲成万物而不遗。(《易传·系辞上》)

对天道的遵奉在社会治理中就体现为王道政治，而对于"王道"的特征的描述就来自人们对天道的认识。在《尚书·洪范》篇中有这样的提法：

> 无偏无陂，遵王之义；无有作好，遵王之道；无有作恶，遵王之路。无偏无党，王道荡荡；无党无偏，王道平平；无反无侧，王道正直。会其有极，归其有极。

意思是说，天下的正道是没有偏向而正直的。儒家将自己的政治理想描述为"王道政治"，就是呼吁君主们以不忍人之心去体察民情、民生，能做到与民同乐。

董仲舒以仁与天互释，是要为大一统的政治秩序提供合法性依据。在他看来，仁是《春秋》之宗旨，由此，"明王道重仁而爱人"，康有为解读董仲舒的思想说：

> 俞序得《春秋》之本，有数义焉，以仁为天心，孔子疾时世之不仁，故作《春秋》，明王道重仁而爱人，思患而豫防，反覆于仁不仁之间，此《春秋》全书之旨也。《春秋》体天之微，虽知难

读，董子明其讬之行事，以明其空言，假其位号，以正人伦，因一国以容天下，而后知素王改制，一统天下，春秋乃可读。❶

对于仁的解释，孔子本人就极为多样。孟子则往往将仁与其他德行或者政治措施结合起来，发展出仁义、仁政等观念，而董仲舒在《春秋繁露·必仁且智》篇对仁有其独特的解释：

> 何谓仁？仁者憯怛爱人，谨翕不争，好恶敦伦，无伤恶之心，无隐忌之志，无嫉妒之气，无感愁之欲，无险诐之事，无辟违之行。故其心舒，其志平，其气和，其欲节，其事易，其行道，故能平易和理而无事也。如此者谓之仁。❷

康有为评论道：这篇对仁的解释最为"详博"。既点明了仁者爱人，且又有伦序之大本，并涉及仁人之行为方式。

宋明以来，佛学已渗入到中国人的思维方式和生

---

❶ 康有为：《春秋董氏学》，中华书局，1990年，第2-3页。
❷ 董仲舒：《春秋繁露·必仁且智》，载苏舆：《春秋繁露疏证》，中华书局，1992年，第258页。

活方式中，由此，道学家们从公私之分来强调儒佛之别。一方面，他们以更为抽象的"理"作为天道的本质；另一方面则以"公"来解释"仁"，并以此来重构从家族到国家、天下之间的新的一致性。就理论形态而言，朱熹的理气论在解释普遍性和特殊性的关系的时候，更显完备，因而在说明儒家思想的"公共性"维度上更具有说服力。

> 夫太极动而二气形，二气形而万化生。人与物俱本乎此，则是其所谓同者；而二气五行，絪缊交感，万变不齐，则是其所谓异者。同者，其理也；异者，其气也。必得是理，而后有以为人物之性，则其所谓同然者，固不得而异也；必得是气，而后有以为人物之形，则所谓异者，亦不得而同也。❶

朱熹也喜欢从"太极"动静来解释事物的发生和变化，并从中去认识本源性和多样性。在他看来，圣人先得天理之同然，是一个总的理，有了人类、有了

---

❶ 黎靖德编：《朱子语类》，卷四，第一册，北京：中华书局，1986年，第59页。

万物,便"万变不齐"。如此,万物亦有各自的规定性,则产生差异,由此,便是同中有异,异中有同。这样的道理,落实到普遍之仁和人伦万物之爱,便亦是同与异的关系,他也将之称为"理一分殊"。

在宋明道学的理气范式下,必然会提出具有超越性的"万物一体"的观念,此种态度甚至突破了道学和心学在本体论和功夫论上的冲突。万物一体所体现的是成就他者并达成自我完善的"仁爱关怀","在如此意向中,自我以无所不及的道德之心包容和成就着天地万物。具体来说,这种包容和成就表现为自我对他人和他物的关爱,贯彻其中的则是儒家'亲亲—仁民—爱物'的价值原则。"❶在张载、二程等十分注重家族伦理的时代,他们的天理观让他们有空间去处理家族与天下的关系。最典型的做法就是张载在《西铭》中,通过乾称父、坤称母,将天地人伦化,并由此客观上也构建出人伦自然天成的"万物一体"的境界。

这样的境界到阳明以"知行合一"为基础的"致良知"学说中,通过天理内在化的方式,使万物一体在逻辑上得到彻底的完成。

---

❶ 张美宏:《生生之道与圣人气象:北宋五子万物一体论研究》,中国社会科学出版社,2015年,第16页。

"万物一体"和"致良知"之间并非各自孤立的,从某种意义上,王阳明的良知学说预设了一种超越人的社会关系的"本原"性的人,这使得人们能够在遇到社会情景时"生发出"道德感来应对伦理需求。这种立论旨趣的目的在于要确立道德情感的"天赋"性,人的后天修身活动并非是"习得"某种道德能力,因为这样的假定会导致一部分人缺乏"可教性"。由此,修身活动变成努力实现自己的内在本质,及致良知于不同的事物上。这样的本原性决定了良知并非为少数人所垄断,其道德目标也并非是个人品质的养成,而是与自然万物之间的"共感"。所以,王阳明强调如能致良知于事事物物,则可以达到"万物一体"的境界。

对于儒家的普遍性和特殊性的关系进行系统讨论的,还有围绕春秋公羊学的"例"而产生的丰富的经学解释。春秋公羊学对于夷夏问题的重视,最初的目标是处理在天下体系中不同文化和族群之间的关系。

夷夏之别在空间上体现为中心和边缘,在文明上则体现为接受礼乐文化的程度差异。当西周封建制的崩溃而导致礼崩乐坏之际,"尊王攘夷"成为春秋初期政治活动的关键。童书业先生指出:"东周王室在春秋开始的几年还有些威权,自从周、郑繻葛之战,王师大败,就一蹶不振;后来又继续发生内乱,……于是王畿削小，王室也更趋衰微了。……因为王室衰微，所以造成列国互相争胜的形势；因为列国互相争胜，中原内部因不统一而更不安宁，所以又造成戎、狄交侵的形势，要'攘夷'必先'尊王'，'尊王'的旗帜竖起，然后中原内部才能团结；内部团结，然后才能对外，所以'尊王'与'攘夷'是一致的政策。"❶

在《春秋公羊传》中，如果夷狄能仰慕中国的，一般都予以肯定，比如，僖公二十九年，夷狄之国介之葛卢来。何休解释说，之所以记录葛卢之名，是因为"能慕中国，朝贤君，明当扶勉以礼义"。尤其是那些能阻止夷狄入侵中国的人，则极力褒扬之。比如，在《论语》中，孔子许管仲"如其仁"，孔门弟子多有不解，认为这个生活奢靡、不知殉节的管仲，怎么能当得起"仁"这个称号。但在孔子看来，管仲辅佐齐桓公"九合诸侯，一匡天下"，这是巨大的功绩，并不能因为他的一些生活方式上的瑕疵而否定齐桓公"尊

---

❶ 童书业：《春秋史》，上海古籍出版社，2003年，第157—158页。对此赵鼎新提出春秋初期逐步形成了一个强有力的诸侯联合周边小国的霸主体系。"在这一时期，大多数霸主国还会通过为周王室提供保护并以周王室的名义行事以提高其霸主地位的合法性。就这样，霸主体系不仅保持了周王室的存在，而且在一定程度上延续了西周以来的封建体系。"赵鼎新：《东周战争与儒法国家的诞生》，华东师范大学出版社，2006年，第53—54页。

王攘夷"的功绩。

不过，在儒家的终极目标上，公羊家们推崇的是"王者无外"的理念，认为王者的最终目标是人文化成天下。之所以有夷夏之别，并不是要刻意强调差异，而是意识到文明的进步必然会存在文野之别。在古代的世界，地理上的远近，往往成为接受教化的难易，先近而后远是一个自然的状态。董仲舒在《春秋繁露·王道》篇中说：

> 亲近以来远，未有不先近而致远者也。故内其国而外诸夏，内诸夏而外夷狄，言自近者始也。

公羊的一贯思路是由近及远，由内而外，其内在的逻辑在于只要把身边的事情做好，自然就会吸引别人的模仿和归附。而如果内治未洽，便难以正外。

夷夏之间的差异既然是基于对礼乐文明的接受程度的差异，而不是种族决定论，那么，夷夏之身份也并不是确定不变的，而是一直在变易的过程中。董仲舒很好地阐发了这样的立场：

> 《春秋》无通辞，从变而移，今晋变而为夷狄，楚变而为君子，故移其辞以从其事。（《春秋

繁露·竹林》)

何休的看法与董仲舒基本一致,他说:

> 于所传闻之世,见治起于衰乱之中,用心尚粗觕,故内其国而外诸夏,先详内而后治外……于所闻之世,见治升平,内诸夏而外狄夷……至所见之世,着治太平,夷狄进至于爵,天下远近小大若一,用心犹深而详,故崇仁义,讥二名。(何休:《春秋公羊传解诂·隐公元年》)

何休是将"天下远近大小若一"的理想境界置于公羊三世说中的太平世,也因为此,后世的注家不断地在公羊三世和大同小康之间寻求统合点。

我们当然不是要完全否认"尊王攘夷"观念在不同的时代会呈现出"严华夷之辨"的歧视性视角,比如宋代的胡安国、明末清初的王夫之,均在文化和政治的危机面前,强化中原文化与周边文化之间的差异。但是,这种认知在儒家的解释史上并不占据主流,而且,他们对种族差异的强调,都出自在特殊的社会大变局面前所抱有的对文化立场和文明体系失坠的忧惧之心。

在晚清的中西文化冲击面前，相比于其他的儒家资源，公羊学家们更容易从夷夏观中获得中西文明共存的理念。比如，皮锡瑞结合公羊三世说，认为以往"严夷夏"的做法，是人们的地理观念的局限而造成的。在升平世的时候，种族之间的不平等还未能消除。若进入大同世界之后，天下为一家，中国为一人，那么种族差异的鸿沟就能填平。他说：

> 圣人心同天地，以天下为一家，中国为一人，必无因其种族不同而有歧视之意。而升平世不能不外狄夷者，其时世界程度尚未进于太平，……王化自近及远，由其国而诸夏而狄夷，以渐进于大同，正如由修身而齐家而治国，以渐至平天下。❶

廖平也提出"大统""小统"以处理中国和世界的关系。他在《六变记》中说若以中国为限，那么《礼运》的大同之说，就是孔子思想中的"缺点"。廖平批评严复所说"地球，周孔未尝梦见；海外，周孔未尝经营"❷的成见，放弃《王制》而改用《周礼》《地形

---

❶ 皮锡瑞：《经学通论·春秋》，中华书局，1954年，第9页。
❷ 李耀先主编：《廖平学术论著选集》（一），巴蜀书社，1989年，第547页。

训》等，编《地球新义》来阐述他"大九州"的说法，就是要说明，孔子思想乃可以融汇西政、西学。而作为晚清影响最大的公羊学家，康有为借用《礼运》中的大同观念，结合对《论语》《孟子》乃至《春秋繁露》等经典的重新解释，撰写了《大同书》，展现了近代中国人对于地球共同体的全新认知。

《礼记·礼运》之"大同""小康"及其解释史

"大同"不止一次出现在儒家经典中。《尚书》洪范九畴之"明用稽疑"中，提出了一种解决复杂问题的方法，即"汝则有大疑，谋及乃心，谋及卿士，谋及庶人，谋及卜筮。汝则从龟从，筮从，卿士从，庶民从，是之谓大同"。这是讨论如何从多重证据的方式去寻求对某一问题的统一看法，而"大同"即是这些多元化的方式最后达到的"共识"。儒家还有关于"和"与"同"的讨论，认为"同"只是"以水济水"，而"和实生物"，提倡"和而不同"。(《国语·郑语》)《尚书》中的"大同"是征求多方意见之后谋求共同点，与禁止不同意见的"同"不同，是不同声音的综合，是"和之至"。

本书要讨论的"大同""小康"是儒家的一种社会形态理论，源自《礼记·礼运》。我们将围绕篇中对"大同""小康"社会进程的描述，以及由"大同"降等为"小康"的原因探索所牵扯的对"礼乐"活动意义的认知，梳理后世儒家对此的广泛讨论，其中还会回应《礼运》之意是否符合儒家义理的质疑。

下文将从文献诠释史的角度，来观察历代儒家对之的辨析，有助于我们从理论和制度层面理解"大同"对中国社会的影响。

《礼记·礼运》的"大同""小康"论与早期解释

《礼记·礼运》中"大同""小康"说，是儒家社会发展理论最具影响力的表述。在这个模式中，人类社会是由"大道之行""滑落"到"大道既隐"的状态。这种"滑落"与其说是对历史进程的描述，不如说是儒家树立了一个用以批判现实秩序的价值标杆，人类通过不断的回望来校正发展方向，并期待重回大同世界。

孔子说：

> 大道之行也，天下为公，选贤与能，讲信修睦。故人不独亲其亲，不独子其子，使老有所终，壮有所用，幼有所长，矜、寡、孤、独、废疾者皆有所养，男有分，女有归。货，恶其弃于地也，不必藏于己；力，恶其不出于身也，不必为己。是故谋闭而不兴，盗窃乱贼而不作，故外户而不闭。是谓大同。❶

对于"大道之行也，天下为公，选贤与能，讲信修睦"，我们既可以认为天下为公与选贤与能、讲信修睦是并列的三个特征，也可以将选贤与能、讲信修睦看作是天下为公的体现。"天下为公"意味着对于血缘伦理的超越，人就会爱亲戚和子女以外的人。每个人都能在共同体中找到适合自己的位置，而共同体也会给每个其成员提供生养的保障。在一个诚信和睦的社会，人人会尽力服务社会，共享公共财物，维护社会秩序。

而"小康"则是"大道既隐"的后果：

---

❶ 郑玄注，孔颖达疏，吕友仁整理：《礼记正义》，《儒藏》精华编五〇，北京大学出版社，2016年，第646页。

今大道既隐，天下为家，各亲其亲，各子其子，货力为己，大人世及以为礼，城郭沟池以为固。礼义以为纪，以正君臣，以笃父子，以睦兄弟，以和夫妇，以设制度，以立田里，以贤勇知，以功为己。故谋用是作，而兵由是起。禹汤文武成王周公，由此其选也。此六君子者，未有不谨于礼者也。以著其义，以考其信，著有过，刑仁讲让，示民有常。如有不由此者，在执者去，众以为殃。是为小康。❶

在失去"天下为公"的精神之后，家庭和私有制出现，血缘和等级制度确立。需要用军队和礼义制度来管束人们的行为，人们赞美智谋和勇敢，建立军队互相征战。这个时期最重要的首领包括大禹、商汤、文王、武王、成王、周公。这六位君王都强调礼的作用，肯定正义，惩罚过失，让人们知道行为规则，这就是小康社会。所以孔颖达说，"孔子发叹，遂论五帝、三王道德优劣之事"❷。

---

❶ 郑玄注，孔颖达疏，吕友仁整理：《礼记正义》，《儒藏》精华编五〇，第646页。
❷ 郑玄注，孔颖达疏，吕友仁整理：《礼记正义》，《儒藏》精华编五〇，第647页。

《礼运》篇的开头孔子之叹，郑玄解释说是针对鲁君之礼不备，他所论大同、小康主要是指社会变迁所导致的天子之礼的转变。郑玄在注释"大道之行，天下为公"时说："公，犹共也。禅位授圣，不家之。"❶就天子之位的传递而言，不认可以血缘为原则，而是强调权力的"公共性"，这应该看作是对于"家天下"终极合法性的否定。孔颖达认为，孔子若直接攻击鲁国"失礼"，针对性过于强烈，故而借五帝三王之德之盛衰变化来说明这些礼制的变化。孔子说礼制的变迁都有记录，披览前代所记，便可了解。孔疏说，大道之行是要表彰五帝之善，"谓广大道德之行，五帝时也"❷。早期中国的帝王世系是逐步完善的，在汉代尤其是司马迁的《史记·五帝本纪》之后，五帝是指黄帝、颛顼、帝喾、唐尧、虞舜，这是"天下为公"的时代。比如《韩诗外传》说：

> 五帝官天下，三王家天下，家以传子，官以传贤，故自唐虞以上经传无太子称号，夏殷之王虽

---

❶ 郑玄注，孔颖达疏，吕友仁整理：《礼记正义》，《儒藏》精华编五〇，第646页。
❷ 郑玄注，孔颖达疏，吕友仁整理：《礼记正义》，《儒藏》精华编五〇，第648页。

则传嗣，其文略矣，至周始见文王世子之制。

……

五帝官天下，三王家天下，家以传子，官以传贤，若四时之运，功成者去，不得其人则不居其位。(《韩氏易传》，《汉书·盖宽饶传》引)

将五帝与"大道之行"时代结合是后世注家的解释，在《礼运》的原文中，并没有说"大道之行"之际的统治者是谁，反倒是小康时期的"六君子"是明文所具的。

孔颖达疏"天下为公"说："为公，谓揖而授圣德，不私传子孙。"对于"选贤与能"，孔颖达说："此明不世诸侯也。国不传世，为选贤与能也。"[1]但所举的例子则是尧舜时期处置四凶、共公、鲧等地方首领。孔颖达在发挥郑玄"不家之"之解释时说："天位尚不为已有，诸侯公卿大夫之位，灼然与天下共之，故'选贤与能'也。"[2]与至尊之天位相比，子是卑下，所以可以舍子而改立别人有德行之子。

---

[1] 郑玄注，孔颖达疏，吕友仁整理：《礼记正义》，《儒藏》精华编五〇，第648页。
[2] 郑玄注，孔颖达疏，吕友仁整理：《礼记正义》，《儒藏》精华编五〇，第649页。

对于"讲信修睦",孔颖达侧重于"君既无私,言信行睦,故人法之,而不独亲己亲,不独子己子"[1]。是从天子以身教而民自化的"垂拱而治"说的,从孔疏看,则是"天下为公,选贤与能"而达到的"讲信修睦"的效果。

对"大同"阶段的社会状况描述中,比较复杂的是对"男有分、女有归"的解释。郑注是从"职分"和"良奥之家"立论的,孔颖达由此解释说:"'男有分'者,分,职也。无才者耕,有能者仕,各当其职,无失分也。"[2]从"按比例的平等"角度,给予不同能力的人,以符合他能力的差别性的对待。这是将天赋的差异予以制度化的肯定的做法。而"女有分",孔颖达则是从不"失时"的角度来解释郑注的,并发挥说,若女子在适当的年龄不能嫁出去,则难免于不安。

如果,社会上每个人都尽职尽责,计谋不生,人们之间也无须防范,举国如一,此之谓"大同"。

在大道既隐的"小康"阶段,郑玄注释"天下为家"为"传位于子",并认为由家天下而设立的礼乐刑

---

[1] 郑玄注,孔颖达疏,吕友仁整理:《礼记正义》,《儒藏》精华编五〇,第648页。
[2] 郑玄注,孔颖达疏,吕友仁整理:《礼记正义》,《儒藏》精华编五〇,第649页。

政制度,"以其违大道敦朴之本也。教令之稠,其弊则然。《老子》曰:'法令滋章,盗贼多有。'"。随后又于"是为小康"之后注曰:"大道之人以礼于忠信为薄,言小安者,失之则贼乱将作矣。"❶ 郑玄引用《道德经》来注释"小康"引发了人们对"大同"世是否源自于墨家和道家的观念以及能否体现儒家之价值的猜测。前文已述,儒道墨之间在理想层面有许多共同之处,所差异者主要是对达到理想的步骤的认知。况且若以《盐铁论》为例,代表儒家立场的贤良文学引用道家的言论也不少见。而孔颖达在解释郑注时,则肯定受到魏晋思想的影响,他认为并不能认为五帝时没有仁义和礼制,也不能说殷周之际没有道、德,因为《道德经》多从道、德立言,因此,从郑注借用老子的言论而否定《礼运》的儒家归属的说法理据不足。

在郑玄引老子语注经的那番话中,孔颖达疏解曰:

> 以三王之时,教令稠数,徵责繁多,在下不堪其弊,则致如此。然,谓"谋作兵起"也。❷

---

❶ 郑玄注,孔颖达疏,吕友仁整理:《礼记正义》,《儒藏》精华编五〇,第646页。

❷ 郑玄注,孔颖达疏,吕友仁整理:《礼记正义》,《儒藏》精华编五〇,第651页。

按记载五帝之时也常发生战争：

> 案《史记》，黄帝与蚩尤战于涿鹿之野；《尚书》，舜征有苗，则五帝有兵。今此三王之时，而云"兵由此起"者，兵设久矣，但上代之时用之希少，时有所用，故虽用而不言也。三王之时每事须兵，兵起烦数，故云。❶

不过，若是从用兵次数的多少，来解释大同小康的区别，其实就会面临大同和小康之差别是"量变"还是"质变"的疑问。

如果从权力的继承关系而言，大同和小康显然是"质变"。"'天下为家'者，父传天位与子，是用'天下为家'，禹为其始也"。因为君以天位为自家之私有物，所以"各亲其亲"。诸侯也效之，传位与自家。"父子曰世，兄弟曰及。谓父传与子，无子则兄传与弟也。以此为礼也，故五帝不言礼，而三王云'以为礼'也。"❷ 这就是说，五帝以大道为治国之纲，而三王则主

---

❶ 郑玄注，孔颖达疏，吕友仁整理：《礼记正义》，《儒藏》精华编五〇，第651页。

❷ 郑玄注，孔颖达疏，吕友仁整理：《礼记正义》，《儒藏》精华编五〇，第651页。

要以礼义来建立秩序。根据父子、君臣、夫妇、兄弟的不同关系模式，用不同的礼义原则来规范，并以宫室、衣服、车旗、饮食、贵贱等来将之制度化。但利益和权力的私有化必然会引起争夺和奸谋，禹、汤、文、武、成王、周公都是谨于礼的人，以礼来裁断百姓的行为，教育民众礼让、守礼，推崇仁义礼智信，因此，小康之"康，安也。行礼自卫，乃得不去执位，及不为众所殃，而比大道为劣，故曰小安也"❶。

郑玄的注和孔颖达的正义虽然尽量疏通文义，但留下了两个十分关键的问题，即"大同"世的儒家属性问题与五帝三王之间的"一以贯之"的问题。第一个问题，作为《礼记》中的一个文本，后文一直在讨论"礼之急"的问题，那么，如何看待礼在五帝三王时期的连续性？第二个问题，在世代变迁的时候，儒家固然应时立制，但这些精神是否具有一贯性，尧舜和禹汤文武之间是"德衰"，还是治理之道的合理调整？若五帝和三王存在政道之"差异"，那么道统的一贯性就会受到怀疑。这些问题在宋明时期都得到了充分的讨论。此外还需注意的是，《礼运》文字是否存在错简，宋人已经关注此问题，也为清代考据家所关注。

---

❶ 郑玄注，孔颖达疏，吕友仁整理：《礼记正义》，《儒藏》精华编五〇，第651页。

宋明时期对大同小康的多元化解释 [1]

作为儒家自身理论发展和应对佛教挑战的产物，唐宋以来的新儒学呈现出与汉代儒家所不同的面貌。如果说，汉以来的儒学侧重于典章制度和伦理观念的结合的话，儒家的心性论和宇宙论方面的思想在宋代得到更多的关注。若是从经学的角度看，宋人更为偏好《周易》《春秋》和《周礼》，尤其是重视《论语》《礼记》这样的纪传体著作，《礼记》中《大学》《中庸》尤为人所关注，《孟子》也升格为经，由《论语》《孟子》《大学》《中庸》所构成的四书系统成为道学家发挥其天理观的最基本经典。

与此同时，宋代疑经之风盛行，《孟子》在升格过程中也遭到了空前的怀疑，司马光对孟子的君臣观和人性论都提出了批评。具体到本书所关注的《礼记·礼运》篇的大同小康论，也遭受空前的怀疑。

系统论证《礼运》的大同小康之论是"杂而不伦"的，属北宋时的李清臣。他在一篇名为《礼论》的文章中说：

---

[1] 此部分讨论参考了常达的《儒家"大同"思想研究——以〈礼运〉解释史为中心》，北京大学博士论文，2021年。

自秦焚书之后，学者不得完经。亡者已亡，而存者大抵皆杂乱，已不可全信。汉之儒者，各守所见，务以自名其家。亦有非圣人之言而设之于圣人，学者谓圣人之重也，不敢辄议，又从而传师之，故五常之道为之不明，斯教之大害也。……今之《礼》经，盖汉儒鸠集诸家之说，博取累世之残文，而后世立之于学官，夏、商、周、秦之事无所不统，盖不可以尽信矣。尝观《礼运》，虽有夫子之言，然其冠篇言大道与三代之治，其语尤杂而不伦。❶

在他看来，秦朝的焚书坑儒导致儒家经典残缺，汉代经师又多有成见，经常以己意托之圣人，导致儒家五常之道不明。很显然，李是以纲常伦理的视角来判断"大同"之说，这样便不能接受以"不独亲其亲，不独子其子"为"大同"，以"各亲其亲，各子其子"为"小康"。李清臣言："夫圣人之所以持万世，与天地长久而不变者，君臣父子而已矣。"❷ 超越君臣父子之伦的"大同"流于墨氏之兼爱，是无父无君之禽兽。

---

❶ 李清臣：《礼论》(下)，曾枣庄、刘琳主编：《全宋文》第七十八册，上海辞书出版社、安徽教育出版社，2006年版，第347—348页。
❷ 上引《全宋文》第七十八册，卷一七一二李清臣四，第347页。

《礼运》中有"礼义以为纪……故谋用是作,而兵由此起"之说,将礼义之兴,理解为乱世的不得已之手段,郑玄又借《道德经》来注释,《礼运》亦接近于老庄之意。当然,若是大同、小康分属不同治理原理,更会损害道统之延续性。

李清臣的概括基本上囊括了当时对《礼运》篇的关键疑问,这些问题也成为道学群体内部讨论的议题。比如,吕祖谦就曾问朱熹是否思考过《礼运》的立场接近道墨的问题。朱熹认为大同、小康,"略有一些意思"。他说:

> 《礼运》以五帝之世为大道之行,三代以下为小康之世,亦略有些意思,此必粗有来历,而传者附益,失其正意耳。如程子论尧舜事业,非圣人不能;三王之事,大贤可为也,恐亦微有此意。但记中分裂太甚,几以二帝三王为有二道,此则有病耳。❶

但他反对将尧舜和禹汤文武的治理之道有所分别。

---

❶ 朱熹:《答吕伯恭》,见《朱子全书》第21册,上海古籍出版社、安徽教育出版社,2002年,第1437页。

因此，他并不认为这就是孔子的意思。在回答学生"《礼运》似与老子同？"的问题时，朱子就直接断定说《礼运》"不是圣人书"❶。

与朱熹在王霸问题上展开激烈论辩的陈亮也认为《礼运》之说是与老子一脉的。他在《问古今文质之弊》一文中，认为老子思想就是对"周文疲惫"的一种救治之方。所以，《道德经》说奢靡之风和权谋都是仁义、礼乐的后果，要解决这些弊病，应该鼓励人们返璞归真。他甚至认为，孔子所说"礼与其奢也宁俭，丧与其易也宁戚""其说几近于聃，而《礼运》所论大同、小康，则纯聃之说也。春秋之末，夫子老死而不用于世，世之贤人君子，念周之弊不可复救，乃以为虞夏之道，不大望于民，不求备于发，商周既极其情，则爵赏刑罚之穷固其势也"。❷陈亮的观点是说大同、小康就是老子的说法，但这并不影响其思想价值。

疑经思潮也波及《礼运》，从前述朱熹的语句中可见，道学家们不会接受二帝三王"道二"的弊病。这个问题在朱熹之前的张载、二程就开始应对了。

---

❶ 黄士毅编、徐时仪等汇校:《朱子语类汇校》，肆，上海古籍出版社，2014年，第2266页。
❷ 陈亮:《问古今文质之弊》,《陈亮集》增订本，上册，中华书局，1987年，第167页。

张载是从"礼"一本论的角度来理解大同和小康的，他借用孟子"由仁义行"和"行仁义"的话头，说"大道之行"是由"礼义而行"，而若"礼义以为纪，行礼义者也"。这是从人的主动性的角度来分辨。"行礼义"的人虽遵礼义而行，但难以心悦诚服。在张载看来，大同和小康的差别，并不在于是否"谨于礼"，而是三代之际，有一些人并不能真正做到"由礼义行"，而未及"大道之行"的"民自化"的状态。

> 大道之行，如尧、舜方是也。虽三代之英，犹有劣者，以其未成功也。此所以未有不谨于礼。惟谨于礼，则所以致大道之行。❶

张载承认天下为公的禅让要高于家天下的世袭，但并不认为这是两种"政治模式"，而是"礼义"的不同层次的表现。尧舜时期，政通人和，神人共襄，由此，礼义存而不彰。禹以后的圣王们之所以如此注重礼义之教，目的是为了最终达到尧舜无为而治的境界，但从本质上，尧舜和六君子都本于礼义，"六君子所以

---

❶ 张载：《礼记说·礼运第九》，载林乐昌编：《张子全书》，西北大学出版社，2015年，第337页。

急于礼者，欲至乎大同也。尧舜之治，若此莫不本诸礼义"❶。只是社会环境的变迁导致他们的治理方案有所不同，若六君子处于尧舜之际，也必然会选择"大同"之治。

张载持气本论立场，以气之聚散来理解事物的发展和变化，而二程兄弟则通过对"天理"的体贴为儒家确立一个贯通时空的价值基点。较之秦汉的多重面向混杂的"天"，"天理"即是万物的源头和规律，也是价值准则，因此，从哲学上建构了儒家的普遍性维度，这也为理解"仁"和其他儒家的伦理规范提供了一个新的面向。

二程之后的道学群体，接受了以"公"释"仁"的思路，目的是在确立"天理"观后，要强调儒家之爱超越血缘的公共面向。程颐说：

> 仁之道，要之只消道一公字。公只是仁之理，不可将公便唤做仁。公而以人体之，故为仁。只为公，则物我兼照，故仁，所以能恕，所以能爱，恕则仁之施，爱则仁之用也。❷

---

❶ 张载：《礼记说·礼运第九》，载林乐昌编：《张子全书》，第337页。
❷ 《河南程氏遗书卷第十五·入关语录》，载王孝鱼点校：《二程集》（上），中华书局，2004年，第153页。

将"公"视为仁的"本质属性",如此,作为仁之用的"爱",便可以在亲亲之上,更突出仁民、爱物的一面。这样,一以贯之的忠恕之道的核心就是要实现"公平"。"忠恕所以公平,造德则自忠恕,其致则公平。"❶

二程在讨论大同理想时多有创见。比如,在讨论禅让时,二程认为若以"天下为公"为目标,那么选择一个有公心的人十分重要,而选择过程中是采用禅让或世袭只是方法的不同而已,比如,启继承大禹,既然得到百姓的拥戴,这样"传子"也属于"天下为公"。程颐说:

> 大抵五帝官天下,故择一人贤于天下者而授之。三王家天下,遂以与子。论其至理,治天下者,当得天下最贤者一人,加诸众人之上,则是至公之法。后世难得人而争夺兴,故以与子。与子虽是私,亦天下之公法,但守法者有私心耳。❷

---

❶ 《河南程氏遗书卷第十五·入关语录》,载王孝鱼点校:《二程集》(上),中华书局,2004年,第153页。
❷ 《河南程氏遗书卷第十八》,载王孝鱼点校:《二程集》(上),中华书局,2004年,第228页。

若是得天下之最贤，即使是传位给自己的儿子，依然是"至公之法"。这就扭转了以往将尧舜到三王是分属不同治理层级的说法。圣人之间并无优劣之分：

> 尧、舜之让，禹之功，汤、武之征伐，伯夷之清、柳下惠之和，伊尹之任，周公在上而道行，孔子在下而道不行，其道一也。❶

二程所论之"道一"即是得"天理之正"之道。不过，朱熹更倾向于从天理、人欲来厘定道之存废，在与陈亮的争论中，朱熹说：汉高祖、唐太宗以来的历史，"只是架漏牵补过了时日，其间虽或不无小康，而尧、舜、三王、周公、孔子所传之道，未尝一日得行于天地之间也。"❷ 从这段话中，朱熹并没有从《礼运》的大同、小康来讨论尧舜与三王之间的道的不同，这里的"小康"仅仅就衣食之生活状态而言，由此可见，朱熹是从王道来定义儒家之一贯之道，此为一种价值决定论的立场，物质生活之丰俭则在其次。

---

❶《河南程氏遗书卷第二十五》，载《二程集》（上），中华书局，2004年，第324页。
❷ 朱熹：《寄陈同甫书·六》，邓广铭点校：《陈亮集》（增订本）下，中华书局，1987年，第361页。

朱熹认为大同小康不代表圣人观点的说法，对后世影响很大。元代陈澔著有《礼记集说》，其中，《礼运》篇首语中，他就断言"大同小康之说，则非夫子之言"。他引石梁王氏的话说"以五帝之世为大同，以禹、汤、文、武、成王、周公为小康，有老氏意"，证据就是将礼视为"忠信之薄"❶。这些问题并没有超出郑注孔疏的讨论范围。

儒道大约都接受理想社会前置的发展观，即人类社会处于不断退化的阶段，但差异在于道家预设一个"自然而然"的无为社会，而儒家的理想社会则是接受了圣人教化而民自行的"无为"社会，由此，是否有礼乐则会处于不同的发展阶段，而儒家的礼书中，也会有礼乐是对纯美社会崩溃的矫正的观点。陈澔就说：

> 礼家谓太上之世贵德，其次务施报往来，故言大道为公之世，不规规于礼，礼乃道德之衰，忠信之薄。大约出于老庄之见，非先圣之格言也。❷

---

❶ 陈澔：《礼记集说》，汤一介等编：《儒藏》精华编，五五，北京大学出版社，2009年，第205页。
❷ 陈澔：《礼记集说》，汤一介等编：《儒藏》精华编，五五，北京大学出版社，2009年，第206页。

从礼家的立场看，不可能接受大同时代没有"礼乐"秩序的说法，尤其不能接受礼乐的产生是道德衰败的产物的判断。

王阳明虽并无专门的论礼著作，但在他的《拔本塞源》论中，也可以体会他对社会发展的看法。阳明认为圣人之所以为圣人，是义理，而名物制度则无关于作圣的工夫。在孔子、孟子之后，王道熄而霸道昌，儒生为复三代之治，故而关注三代之制度名物，然忘却圣人之心志，这并不能救世之弊。因此，如何体察圣人之万物一体之仁，才能同心一德，共安天下之民。[1] 他接受道统在孟子之后终绝的说法，并认为人们若要追慕圣人之治，不应拘泥于礼制存废，而应体察圣人万物一体之仁，这堪称是王阳明的"大同"观。

明末清初是中国思想史上的又一个高峰，尤以王夫之的哲学思想最为丰富复杂。在历史观上，王夫之肯定人类文明是一个不断进化的过程。他说是燧人氏教人学会了用火，神农氏教人耕种，以及后稷推广农业，这样奠定了中国文明的基础。这种历史观与宋儒以三代以上为天理流行的"退化史观"存在着根本差

---

[1] 参看王守仁著，吴光等编校：《王阳明全集》（一）上海古籍出版社，2014年，第61页。

异。但王夫之的历史也没有摆脱经验论的影响，他从中国历史发展中经常出现的治乱循环现象出发，认为一治一乱，恰如日之有昼夜，是天道之条理错综所决定的。王夫之的历史观的二重性，导致了他对《礼运》中大同、小康认识的双重性。

一方面，他认为不能以古之制来治理今日之天下，所以，"封建、井田、朝会、征伐、建官、颁禄之制，《尚书》不言，孔子不言。岂德不如舜、禹、孔子者，而敢以记诵所得者断万世之大经乎！"❶ 与此认识相应，王夫之认为大同和小康，只是圣人根据世道的变化而制订出来的不同治理方案，孔子之向往是一致的，并无高低之分。

大同、小康之不同是基于当时人们民风的差异。他认为大道行之时，"民淳则政可简，为之上者恭己无为，而忠信亲睦之道自孚于下土"。而到三代之时，百姓之道德已经退化而难以自控，因此"王者敷至道之精华制为典礼，使人得释回增美而与于道"❷。即要通过礼乐教化的方式，使百姓回归纯美之本性。

由于王夫之并未将五帝与三王分出高低，因此，

---

❶ 王夫之：《读通鉴论》《船山全书》，第十册，岳麓书社，1996年，第1180页。
❷ 王夫之：《礼记章句》《船山全书》，第四册，第536页。

他在解释《礼运》的篇名的时候，就说是"言礼所以运天下而使之各得其宜"❶。这样"公天下"与"礼义"之治的区别仅仅在于他们是根据时代的变迁而制定的对应性的秩序原则。比如，他在解释"大道之行也，天下为公，选贤与能，讲信修睦"时，说"天下为公，选贤与能"是指五帝通过选择贤能之人来治理天下，不把天子之位传给自己的儿子。然而在解释"讲信修睦"时，他则强调了人们自觉地遵循盟誓和契约，人与人之间关系的亲睦。"讲信修睦而天下固无疑叛，则礼意自达，无假修为矣。"❷这是有意将"三代之英"和"五帝"之间的"位阶"之别加以弥合。由此，大同世界的所有德行都是"礼意"之流行而已。

他解释说，"'不独亲其亲'，老其老以及人之老也。'不独子其子'，幼其幼以及人之幼也"。"老有所终"，就是人能生养而送死；"壮有所用"之用，就是人能以某一职业来维持生计。王夫之将"男有分，女有归"中的"有分"解释为"分田制产"，"有归"解释为家庭关系的存在。这样，大同之世的自觉自主的世界与礼乐秩序之间达成了融合，礼制和规则并非是

---

❶ 王夫之：《礼记章句》《船山全书》，第四册，第535页。
❷ 王夫之：《礼记章句》《船山全书》，第四册，第537页。

对人的自主性的压制。不待教而治的大同时代人们或许没有礼制的存在，但"上下同于礼意也"[1]，人们自觉地遵循规则，而无需督促和强制。

王夫之释"礼"为"常"，使礼义之间构成了"理念"和"制度"的关系，社会之运行皆要依赖礼义来安排，以防止强者对弱者的侵凌，防止奸诈之谋对社会正义的破坏。

王夫之的"礼意"和"礼制"的融合，很大程度是受到了张载以体用关系来理解"礼运"和"礼器"关系的影响。他还批驳了那种因为"大同""大一"的说法与老庄之辞相近而将之斥为道家之论的说法，认为应该看到"词同而理异"。

另一方面，他也接受大同和小康在秩序优劣上的差异，他说："'康'，安也。'小康'者，民不能康而上康之，异于'大同'。"[2]

为此，王夫之"调整"了《礼运》的文字顺序。按照《礼运》原本的经文，"小康"章的文字顺序是这样的：

---

[1] 王夫之：《礼记章句》《船山全书》，第四册，第537—538页。
[2] 王夫之：《礼记章句》《船山全书》，第四册，第540页。

> 大人世及以为礼，城郭沟池以为固。礼义以为纪，以正君臣，以笃父子，以睦兄弟，以和夫妇，以设制度，以立田里，以贤勇知，以功为己。故谋用是作，而兵由此起。❶

然而，王夫之在"兵由此起"一句下注云："此节旧在'以立田里'之下，盖错简，今定之于此。"❷ 又在"以立田里"一句下注云："此节旧在'以贤勇知'之上，今定之于此。"❸ 那么，经由王夫之改定的经文，则变为了这样：

> 大人世及以为礼，城郭沟池以为固。以贤勇知，以功为己。故谋用是作，而兵由此起。礼义以为纪，以正君臣，以笃父子，以睦兄弟，以和夫妇，以设制度，以立田里。❹

这样的改动符合王夫之以"礼"作为大同、小康

---

❶ 郑玄注，孔颖达疏，吕友仁整理：《礼记正义》，《儒藏》精华编五〇，第 646 页。
❷ 王夫之：《礼记章句》《船山全书》，第四册，岳麓书社，2011 年，第 538 页。
❸ 王夫之：《礼记章句》《船山全书》，第四册，第 539 页。
❹ 王夫之：《礼记章句》《船山全书》，第四册，第 538—539 页。

之世的共同价值基础的理念，也就是说，礼是用来矫正以功业为成就标志、计谋争夺横行的世界。由此，三代之英之"谨于礼"，是"使民有所率循而行于大道者也。"❶ 王夫之认为，《礼运》中有关"大同"和"小康"的文字都是关于"大道之行"的。他说，大道之行和三代之英是相为表里，治理天下的道本来是一样的，谁继承统治权力都不能改变治理之道，孔子所叹息的是礼坏乐崩，若无有价值的支撑，任何制度秩序只会是摆设而已，如此，无论大同之意还是小康之治都难以落实。❷

清代学者对《礼运》文本的调整

王夫之所调整《礼运》文本，乾嘉时期的考据家大概率不可能见到，但如何处理《礼运》文本中大同和小康在治理之道上的连贯性，以及由此而带来的礼乐制度的一贯性的问题，则是清儒所必须要面对的。如果说张载和王夫之侧重于从体用关系将"礼意"和"礼器"、典章加以一元化，二程和朱子是从天理的一

---

❶ 王夫之：《礼记章句》《船山全书》，第四册，第540页。
❷ 王夫之：《礼记章句》《船山全书》，第四册，第540页。

贯性凸显大同小康的一贯性的话，那么，一部分清儒可能更愿意从文本的"重编"来处理《礼运》篇中所呈现的价值冲突。

对于《礼运》错简的相关问题，清儒的调整思路并不一致，对此，目前，已经有裴传永和常达等学者加以梳理，他们概括了任启运、黄式三和姜兆锡等人，根据《孔子家语》和《礼运》篇文字的不同，而做出文字调整思路❶，而本文则是根据皮锡瑞《论〈礼记〉义之精者本可单行〈王制〉与〈礼运〉亦可分篇别出》之梳理来着重分析邵懿辰对《礼运》相关文序的调整和意义说明，以图提纲挈领，化繁求简。

皮锡瑞说，《礼运》说礼"极精"，应该"分篇别出"。他肯定黄式三的《黄氏日钞》中，将《礼运》看作是一个批判性的文本的说法，"虽思太古，而悲后世"❷，即是将大同之理想视为对现实政治的批判。虽然从全篇看，对礼乐的批评有近似于老子的地方，但也有许多精要之言，"如论治，谓圣人耐以天下为一家，中国为一人；如论人，则谓人者天地之心；……如论

---

❶ 参看裴传永《关于"大同小康"之论错简问题的探讨——从宋代以降学者的相关质疑说起》《孔子研究》，2017年第4期及前揭常达之博士论文。
❷ 皮锡瑞：《经学通论·三礼》，中华书局，1954年，第79页。

礼，则谓礼者固人之肌肤之会、筋骸之束"❶。

宋儒以来怀疑大同小康非孔子之言，将不独亲其亲、尧舜禹是小康之论说成是墨、道之语的说法，皮锡瑞认为这恐怕也是二程、朱子的看法。由此引出邵懿辰的"错简"论。

邵懿辰指出，先儒之所以有如此之怀疑，是因为不了解《礼运》的首章存在着错简。他说：

> 《礼运》一篇，先儒每叹其言之精而不甚表章者，以不知首章有错简，而疑其发端近乎老氏之意也。今以"禹、汤、文、武、成王、周公，由此其选也，此六君子者，未有不谨于礼者也"二十六字移置"不必为己"之下、"是故谋闭而不兴"之上，则文顺而意亦无病矣。❷

经此改动，他便将《礼运》之首章调整成这样的顺序。

> 大道之行也，天下为公，选贤与能，讲信修

---

❶ 皮锡瑞：《经学通论·三礼》，第79页。
❷ 皮锡瑞：《经学通论·三礼》，第79—80页。

睦。故人不独亲其亲，不独子其子，使老有所终，壮有所用，幼有所长，矜寡孤独废疾者皆有所养。男有分，女有归。货恶其弃于地也，不必藏于己；力恶其不出于其身也，不必为己。禹、汤、文、武、成王、周公，由此其选也。此六君子者，未有不谨于礼者也。是故谋闭而不兴，盗窃乱贼而不作，故外户而不闭，是谓大同。今大道既隐，天下为家，各亲其亲，各子其子，货力为己。大人世及以为礼，城郭沟池以为固，礼义以为纪，以正君臣，以笃父子，以睦兄弟，以和夫妇，以设制度，以立田里，以贤勇知，以功为己。故谋用是作，而兵由此起。以著其义，以考其信，著有过，刑仁讲让，示民有常。如有不由此者，在势者去，众以为殃，是谓小康。

邵懿辰说经过这样的调整，就"文顺而意亦无病矣"。并提出了六条证据。

其一，邵懿辰说前人在阅读"大道之行也，与三代之英"时，过于看重其中的"与"字，并据此将"大道之行"属"大同"而"三代之英"属"小康"。其实，"大道之行"是概指"治功之盛"，而"三代之英"指的是"治世之人"。孔子说"丘未逮"是对大同之治功和治世之人的"想往",若是五帝、三王有高低之分,孔子何以会慨叹他不能身逢盛世呢?

其二,"大道既隐"用以描述周以后的社会犹可以,以此说夏商则不可。既说"丘未之逮"又说"今大道既隐",文句矛盾。

其三,如果说"礼"是"忠信之薄"的后果,那么子游应问孔子如何回复大同世界,而不应强调"礼之急"。

其四,"讲信修睦"后文三次出现,都是指圣人先王,说明《礼运》并没有重五帝轻三王的"偏向"。

其五,"五帝官天下,三王家天下"本属战国时道家之说,汉儒受黄老影响而述之。从历史事实看,五帝也并非都禅让,所谓"天下为公"其实是指以"天下为一家,中国为一人",这是儒家推己及人的仁爱思想。儒家所看重的选贤与能,目的是发现贤能之士,而与采用禅让制还是世袭制无关。

其六,夏商周虽治国之法有所差异,但作为秩序原理的"道"则是一致的。❶

如此,邵懿辰系统地回应了宋以来对大同说的种种疑问,以及《礼运》首章上的文字难解之处,论证

---

❶ 皮锡瑞:《经学通论·三礼》,第80页。

了"大同"作为儒家理想社会的正当性，以及儒家道统的一贯性，实质上是以大同来统括夏商周的文明理念，而将小康视为理想瓦解之后的"混乱"社会，这贴合前述朱熹、陈亮王霸之辩时朱熹对于汉代以后中国社会秩序的整体判断。

近代中国面临西方的挑战，大同理想与西来的社会理想结合引发了人们对于"大同"社会的新的想象，在众多的解释者中，康有为对大同的阐发尤为影响深远。

康有为通过三世进化扭转"大同""小康"的顺序，认为社会发展必然是从宗法社会演化为人各独立的平等社会，小康必然会迈向大同。这是孔子因时立制之高妙之处。但"孔子又明大夫不世不得专宗"，宗法、家族制度必然要被取代，"盖人渐平等，人渐独立，即不能以宗子收养，即不能以宗法摄制。至升平世人各独立，则族制必变"，转化为以个体为基本单位的人类意识，"此进化自然之理。"❶

他在《礼运注》中，也对文本顺序有所调整，但把子游问了"如此乎礼之急"那段，调整到"故礼义也者，人之大端也"一章之后，而并未变动大同小康

---

❶ 康有为：《春秋笔削大义微言考》，《康有为全集》，第六集，第84页。

的文本内容。康有为说：以前在"是谓小康"后有子游问孔子"如此乎礼之急"的话，但在前文中，并没有说到"礼急"的事项，因此要将之移于后。❶

在康有为看来，孔子在讨论圣人制礼之后，强调礼仪是人道之关键，提出若舍弃礼义，那么就会产生"坏国、丧家、亡人"的后果，由此体现出"礼之急""旧本在'是谓小康'章下，则大同章不言礼，小康言礼亦不言急。意义不贯，当是错简。今移在此，意义贯切，且言之重、词之复，益觉圣人言礼之郑重焉"。❷并说《礼运》之文本由此转变为讨论"礼意"而非"礼制"。在康有为看来，礼作为人情之体现，对于社会秩序的维护是极其有必要的，但应该注重礼所体现的精神，而非具体的"制度""礼仪"。❸

康有为认为《礼运》是孔子揭示其三世之变、大道之真的宝典。而两千多年以来，从荀子、刘歆到朱子，无论他们的学说之真伪、高低，"总总皆是小康之

---

❶ 康有为：《礼运注》，《康有为全集》第五集，第556页。
❷ 康有为：《礼运注》，《康有为全集》第五集，第567页。
❸ 康有为说："夫圣人岂不欲人类平等哉？然而时位不同，各有其情，各有其危。礼者，各因其宜而拱持其情，合安其危而人各自得矣。夫天生人，必有情欲。圣人只有顺之，而不绝之。然纵欲太过，则争夺无厌。"所以要制定礼制来节制。见康有为：《礼运注》，《康有为全集》第五集，第569页。

道"。孔子虽有救人之心，但因生当乱世，深感社会发展须循序而进，因此，除《礼运》之外，其他经典所发明的主要也是小康之论，后世儒者泥于文本，判定孔子只注重小康，不求进化。❶ 这样，孔子作为"大地教主"的制法者身份隐而不彰。康有为将《礼运》单独注释，并同时写作《大同书》，是试图在新的历史转折关头重新梳理儒家的理想性和普遍性维度，以展现儒家在中西文明冲突中的价值。

---

❶ 康有为：《礼运注》，《康有为全集》第五集，第553页。

第二章 公天下与家天下

无论在逻辑或实践操作上面临着怎样的困难，以孔子为代表的儒家从来都不认为公共利益和个人利益之间存在着根本性的对立。不仅如此，儒家还认为注重身边的人，特别是关爱家人，是政治生活的起点。并以治国平天下为人生之圆满。在伦理政治化和政治伦理化的双向互动中，儒家特别强调从"孝"这样的父子关系出发来培养政治忠诚的重要性。比如，《论语》中记录有子的一段话说：

> 其为人也孝弟，而好犯上者，鲜矣；不好犯上，而好做作乱者，未之有也。君子务本，本立而道生。孝弟也者，其为仁之本与！

在人类最基本的道德情感的基础之上，人们会生发出对于公共事务和"陌生人"的关爱之心，而不是如人们所误认的那样，若关爱亲人就会忽视"陌生人"。《中庸》重申了家人与天地万物的内在一致性："君子之道，造端于夫妇；及其至也，察乎天地。"如果能合情合理地处理家族内部的伦理关系，那么天地万物之情也就可以得到顺应。

近代以来，儒家的伦理秩序观一直受到激烈的批评。在颇具争议的关于"父子相隐"的例子中，孔子反对在处置父亲"攘羊"的案件时，由其子直接去作证。受到现代公私观念影响的人将此视为是儒家不关注公共利益的例证，甚至推论出儒家为了亲情可以罔顾法律。曾任司寇的孔子当然了解法律的重要性，他对无讼的追求意味着要兼顾情理。当法律与家庭亲情发生直接冲突的时候，儿子不出场，既不会影响法律的处置，也不致损害家庭成员之间的亲情。

儒家一直在寻求公私之间共赢的可能性。强调修身齐家平天下的"利益一致性"，是说既不能为了共同的利益而牺牲个体的价值，也不能为了成就个人而忽视家庭和国家。在家国天下体系中，家庭可能是最个人道德和社会责任最直接也最理想的"养成"场域。在这个场域中，等级（辈分）是天生的，但不同成员之间却会因为亲情而将冲突和摩擦化解，将家庭亲情所培育的爱推扩到社会生活中，最终达成人与人、人与万物的和谐共处。

公私之间：公私观念的演化

"大道之行，天下为公"，"公"是大同世界的核心价值。我们应该如何理解"公"呢？按郑玄的注释，

"公"也即"共"也,虽然郑玄的注释侧重于统治权力的共享,但这个"公"包含了"共同"和"分有"的观念,充分体现了儒家对超越个体和家族的公共性价值的肯定。

不过,以"共"来解释"公"在中国古代有一个发展的过程。在早期金文文献以及后来的《左传》《国语》中,"公"一般指先祖、国君及贵族人士的爵号,由此引申出"朝廷"或"政府事务"等含义。[1]

与"公"相对应的是"私"。公、私之间的"互相排斥"具有相对性。中国的封建制是一个圈层结构,天下封建、诸侯封家,而其各自又有相对的独立和自治的空间。据此,公私之分是依参照系的变化而变化的,相对于天下为公,各诸侯之政皆为私,而对于卿大夫之家而言,诸侯之政又是"公"。春秋战国时期围绕公私的争论,基本上就是因为政治重心下移而导致的公私场域的转变与"混乱",因此,造成了公私观念的重新定义和"普遍化"倾向。

---

[1] 陈乔见:《公私辨:历史衍化与现代诠释》,生活·读书·新知三联书店,2012年,第32—33页;陈弱水:《传统与近代中国的"公"观念——兼及"私"的几个面向》,载林毓生主编:《公民社会基本观念》,下卷,"中央研究院"人文社会科学研究中心,2014年,第666页。

先秦诸子

先秦时期对于"公"的不同理解我们从儒家、道家和法家的相关言论中能看到其端倪。《礼记·礼运》说的"天下为公",虽然具有乌托邦色彩,但所强调的是"公平"和每人为共同体分担的风险,引申为对政治管理者的品质要求。如《论语·尧曰》载孔子述为政之方曰:"宽则得众,信则民任焉,敏则有功,公则说。"意即"公平"的政治措施会让每个人都感到心悦。

后来,《礼记·孔子闲居》的一段话则为公平的政治特质提供了宇宙论的根源。天地日月无私的品格,决定了政治事务必然会体现出公共性。

> 子夏曰:"三王之德,参于天地,敢问:何如斯可谓参于天地矣?"孔子曰:"奉三无私以劳天下。"子夏曰:"敢问何谓三无私?"孔子曰:"天无私覆,地无私载,日月无私照。奉斯三者以劳天下,此之谓三无私。"

春秋战国时代的儒家大多坚持亲亲、尊尊、贤贤的一致性。即既要重视亲亲、尊尊的血缘伦理的重要性,又要强调选贤与能的公平、开放的政治秩序。但墨家和道家则从儒家重亲亲的一面来攻击儒家偏于"私"的一面。

道家从"天道无私爱"来攻击儒家的宗法伦理。《老子》第七章说:

> 天长地久。天地所以能长且久者,以其不自生,故能长生。是以圣人后其身而身先,外其身而身存。非以其无私邪?故能成其私。

道家就是从保护"公"才能成就"私"的辩证法来说明唯其天地并不偏爱某一群人,每个人所受之于天都是公平的,因而,每个人都能成就自我,即"成其私"。

有学者指出法家在公私观念上比较具有"现代性"的意识,他们要求明确区分公私,强调法则面前人人公平的重要性。比如,商鞅认为人臣是根据君主的好恶来决定自己的好恶,若君主能严守规则,臣下就会秉公而正直。如果能够公私分明,那么小人就不会妒忌贤能之士。《商君书·修权》说:

> 凡人臣之事君也,多以主所好事君。君好法,则臣以法事君;君好言,则臣以言事君。君好法,

则端直之士在前；君好言，则毁誉之臣在侧。公私之分明，则小人不疾贤，而不肖者不妒功。

与儒家主张亲亲、尊尊、贤贤不同的是，法家认为一视同仁的法律意识和摈斥人情的管理方式是取得正直成功的关键。基于上行下效的因素，若人主过于看重私人利益，这样的氛围也会传导到臣下，从而最终损害人主的利益。《韩非子·饰邪》说：

> 明主之道，必明于公私之分，明法制，去私恩。夫令必行，禁必止，人主之公义也；必行其私，信于朋友，不可为赏劝，不可为罚沮，人臣之私义也。私义行则乱，公义行则治，故公私有分。人臣有私心，有公义：修身洁白而行公行，居官无私，人臣之公义也；污行从欲，安身利家，人臣之私心也。明主在上，则人臣去私心行公义；乱主在上，则人臣去公义行私心。

《韩非子》对公私的讨论影响深远。《说文解字》对于"公"的解释就采用了《韩非子·五蠹》中的定义，"古者苍颉之作书也，自环者谓之私，背私者谓之公"，强调了公私之间的不兼容性。

由上述道家和法家的言论可见，在春秋战国时期，西周时期建立的封建制崩坏，一种打破封邑和宗族势力的垂直统治的政治结构正在形成，与观念上提倡"定于一"相对应的是对反对地方自治和家族势力的"公"的价值的提倡。虽然诸子百家对如何实现"公"的理解不同，但目标却是一致的。基于对这种新政治体制的回应，这个时期的公私观念丰富复杂，但都指向更为普遍性的面向。当"国家"的意识与"天下"的意识逐渐重叠的时候，那么，以天下作为"大公"的观念与以自然之"天""地"所具备的"广大"的意象结合，成为先秦诸子的"共识"。

比如，《管子》对天地之"公"的说法，就与《礼记·孔子闲居》中孔子的说法一致。

> 是故圣人若天然，无私覆也；若地然，无私载也。私者，乱天下者也。(《管子·心术下》)

书中认为对私利的看重会使社会秩序混乱。"公"的一个重要特性就是"平"，这里的"平"虽不一定是"平等"的意识，包含有"机会均等"和"分享"等丰富含义。

> 天公平而无私，故美恶莫不覆。地公平而无私，故小大莫不载。无弃之言，公平而无私，故贤不肖莫不用，故无弃之言者，参伍于天地之无私也。(《管子·版法解》)

不仅是天地，还有日月之光能照察万物之情，进而能发现贤能之士，避免冤屈之事。

> 日月之明无私，故莫不得光。圣人法之，以烛万民，故能审察。则无遗善，无隐奸。无遗善，无隐奸，则刑赏信必。刑赏信必，则善劝而奸止。故曰："参于日月。"(《管子·版法解》)

秦汉魏晋

秦汉时期的《吕氏春秋》亦强调"公共性"是"平等"的基础。

> （1）昔先圣王之治天下也，必先公，公则天下平矣。平得于公。尝试观于上志，有得天下者众矣，其得之必以公，其失之必以偏。凡主之立也，生于公。

（2）天下非一人之天下也，天下之天下也。阴阳之和，不长一类；甘露时雨，不私一物；万民之主，不阿一人。

（3）人之少也愚，其长也智，故智而用私，不若愚而用公。日醉而饰服，私利而立公，贪戾而求王，舜弗能为。《吕氏春秋·贵公》

从今天的眼光看，"天下非一人之天下"与"万民之主，不阿一人"之间看上去有一些矛盾。一种较为合理的逻辑是，"万民之主"的权力来自"禅让"，这样就保证了"万民之主"的公正无私。在《吕氏春秋·去私》中，我们看到他们对尧舜禅让的肯定。文中说：

> 天无私覆也，地无私载也，日月无私烛也，四时无私行也，行其德而万物得遂长焉。……尧有子十八，不与其子而授舜；舜有子九人，不与其子而授禹：至公也。

徐复观先生认为《吕氏春秋》的底色是儒家的价值，书中肯定禅让制是一种"至公"的制度或可为之证明。

汉代史家刘向在《说苑》中有一篇文字以"至公"为名，从中我们可以看出公私观念在汉代的发展。与先秦时期以公私对立来界定君臣关系不同的是，《至公》篇区分了人君之公与人臣之公，认为"人君"的"公"就是在政权转移中能坚持禅让的原则，传贤不传子："古有行大公者，帝尧是也：贵为天子，富有天下，得舜而传之，不私于其子孙也……此盖人君之至公也。"而"人臣"的"公"在于"治官事则不营私家，在公门则不言货利，当公法则不阿亲戚，奉公举贤则不避仇雠，忠于事君，仁于利下，推之以恕道，行之以不党"。（《说苑·至公》）

强调在处理政务时能公私分明，不为亲属谋利，举贤不避仇，不结党营私，等等。

魏晋时期，玄风大畅，尤其是郭象游心于有无之间，糅合名教与自然的关系，他对公私的理解别具一格。在注解《庄子·应帝王》中无名人回答别人何以治天下的问题时所说的"顺物自然而无容私焉，而天下治矣"一语时，郭象的解释是"任性自生，公也。心欲益之，私也"[1]。在郭象看来，过多的人力因素干涉会破坏事物自然生长的规律，只是顺物之性才能物尽

---

[1] 郭象注，成玄英疏：《庄子注疏》，中华书局，2011年，第161页。

其性。在郭象这里，"公"接近于事物的自然本性，因人类的好恶损益而改变事物的生长状态则为"私"。这里"公"指的是自然界的普遍规律，而"私"则是搅乱事物正常状态的作为。

宋元明清

宋儒对公私问题的最大贡献是将"公"和"仁"相对应，对应的基础是天理流行。这是对魏晋自然和名教结合思想的另一面的解读。程颢在《答横渠张子厚先生书》(《定性书》)中对"公"的解释就颇得郭象解庄之神髓。他说：

> 夫天地之常，以其心普万物而无心；圣人之常，以其情顺万事而无情。故君子之学，莫若廓然而大公，物来而顺应。……人之情各有所蔽，故不能适道，大率患在于自私而用智。自私则不能以有为为应迹，用智则不能以明觉为自然。❶

这段话听上去的确有玄学家的意味。当然，儒家

---

❶ 王孝鱼编：《二程集》，上，中华书局，2004年，第460—461页。

之廓然"大公",亦必然以天地万物之情为基础,而不能以自己的偏好来决定取舍。此亦儒家之所强调的"心之同然"的延伸。在宋明理学家的天理观下,由天理以及天理所分殊之万物,虽物各不同,但都禀受天理,天理则为公,而人欲则为私。故存天理则万物一体,生生不息,而私欲宣泄,则是以私害公。我们不能把宋儒所谓的人欲并不是摈弃正常喜怒哀乐或饮食之欲,其为"私"则在于过度的占有与奢靡。但后世一些学者则将之绝对化为对自然欲望的禁绝,从而出现戴震所批评的"以理杀人"的状况,人生而禀受天理,天理在人心,人先验地具备善的特征,这在宋儒看来是人的"自然"状态。理学家采取的是将人伦秩序"自然化"的状态,通过对于"所当然"和"所以然"的统一来解决天理与人心之间的关联。

在体贴"天理"的过程中,其作为事物的普遍之理而得以发展出来。理学家以"公"来解释"仁",强调仁之普遍性,肯定亲亲、仁民、爱物的一贯性。基于此,张载的"民吾同胞"式的爱被程朱所高度肯定。程朱还从义利之辨去理解公私关系,认为"公"代表公平和正义,而"私"则是取其自私和对利益的贪求。

王阳明将道德意识的源头回归到人的内心,以良知天成来理解天理人心的统一性。并以对待良知的态度来区分公私。良知即是廓然大公,而背离良知的见解则是一己之私。他说:"良知,心之本体,即所谓性善也。……中也,寂也,公也,既以属心之体,则良知是矣。"❶王阳明以"公"来解释良知,发之于政治社会领域,就是要区分王霸。他认为霸者,看上去与先王之政有近似,但他们是以力假仁,所以是"假之于外以内济其私己之欲,天下靡然而宗之,圣人之道遂以芜塞。相仿相效,日求所以富强之说,倾诈之谋,攻伐之计,一切欺天罔人,苟一时之得,以猎取声利之术,若管、商、苏、张之属者,至不可名数。既其久也,斗争劫夺,不胜其祸,斯人沦于禽兽、夷狄,而霸术亦有所不能行矣"❷。在王阳明看来,圣人之心,其实就是公心,因为圣人是以天地万物为一体,所以视天下之仁,并无内外远近之分别。而天下人之心,本来与圣人之心并无区别,只是他们被"有我之私"间隔,因此,人各有心,不能形成共识;而儒门之教化就是要"克其私,去其蔽,以复其心体之同然"❸。

不过,天理论的公私观最大的模糊区域,是自然

---

❶ 吴光等:《王阳明全集》,一,上海古籍出版社,2014年,第70—71页。
❷ 吴光等:《王阳明全集》,一,第62页。
❸ 吴光等:《王阳明全集》,一,第61页。

欲望的正当性问题，自然欲望的正常满足与贪欲之间的界线或在毫厘之间。若从良知天成的角度，发展到极端就会将"私心"正当化，这种对于自然禀赋的不同角度的肯定若是与明末的商人伦理结合，就导向了对于人的私欲的肯定。

明末清初的思想家把公私问题的讨论推向一个新的高峰。顾炎武和黄宗羲从回复早期儒家理想的公私观念来试图批判当时的君主对于天下财物的垄断性占有。沟口雄三说：

> "天下之公"最初是指民的生存权、所有权等自然权利无偏颇第得到满足的状态。这一"天下之公"在当初只不过是期待皇帝具有公正的政治姿态；但是到了明代以后，民的要求程度不断提高，于是集民之私以及民之私之间的协调关系被视为"天下之公"的实质。❶

顾炎武和黄宗羲、王夫之都认可政治就是让民众各遂其私，即他们的个体利益得到保障，若此，王道

---

❶ 沟口雄三：《中国的公与私·公私》，生活·读书·新知三联书店，2011年，第64页。

政治的"大公"便得以展现。

很显然，明末清初的思想家虽想要摆脱阳明后学的"叛逆"而回归儒家之基本精神面向，但他们对人性和公私关系的认识却是延续了李贽等人的思想，认可"人之有私，固情之所不能免矣"（顾炎武语），认为先王并不是要禁绝人欲，而是通过物质生产和社会组织，来满足人们生活的需要，"合天下之私，以成天下之公"。顾炎武在《郡县论》中有所论述，他说：

> 天下之人各怀其家，各私其子，其常情也。为天子为百姓之心，必不如其自为，此在三代以上已然矣。圣人者因而用之，用天下之私，以成一人之公而天下治。夫使县令得私其百里之地，则县之人民皆其子姓，县之土地皆其田畴，县之城郭皆其藩垣，县之仓廪皆其囷窌。为子姓，则必爱之而勿伤；为田畴，则必治之而勿弃；为藩垣囷窌，则必缮之而勿损。自令言之，私也，自天子言之，所求乎治天下者，如是言止矣。一旦有不虞之变，必不如刘渊、石勒、王仙之、黄巢之辈，横行千里，如入无人之境也。于是有效死勿去之守，于是有合纵缔交之拒，非为天子也，为其私也。为其私，所以为天子也。故天下之私，天子

之公也。公则说，信则人任焉。此三代之治可以庶几，而况乎汉唐之盛，不难致也。❶

顾炎武主张寓封建于郡县之中，目的就是要解决百姓的私人利益在郡县制的国家体制下如何得到保障的问题，封建所体现的地方自治的方式可以解决大一统政治难以顾及地域与个体因素的弊端，这是对公私问题的新见解。

王夫之对秦始皇采用郡县制来取代封建制的评论，则展现出王夫之对于公私关系中动机和效果关系的独特理解。王夫之认为秦始皇是以一己之私成天下之大公，也就是将层级制的封建所造成的各个"公私"环节熨平为国家与个人之间的两极化的公私结构，从而百姓所要面对的就是一个大一统的共同体结构。

很显然，明末的思想家并非是彻底的启蒙主义者，他们对君主的批评并非是制度上的，而侧重于对君主的道德动机方面的因素。黄宗羲在《原君》篇中，强调古代圣王与现代君主的差异，批评后世君主通过剥夺百姓的利益来满足自己的私欲，这样就将天下变成

---

❶ 顾炎武著，华忱之点校：《顾亭林诗文集·亭林文集·卷之一·郡县论五》，中华书局，1983年，第2版，第14—15页。

了"私产"。他在《明夷待访录·原君》开篇即云：

> 有生之初，人各自私也，人各自利也，天下有公利而莫或兴之，有公害而莫或除之。有人者出，不以一己之利为利，而使天下受其利；不以一己之害为害，而使天下释其害。❶

与孟子以后的儒家主流的性善论不同，黄宗羲认为人之初都有自私自利之心，这种自然状态造成人漠视公共利益，造成社会秩序的混乱。是有圣人出，通过制度来建构一个公共利益体系，让天下人建构起不伤害其他人的公共利益机制。

黄宗羲是从天下为公的标准来批评后世的君主，他说，后来的帝王并不能继承天下为公的原则，"以为天下利害之权皆出于我，以天下之利尽归于己，以天下之害尽归于人亦无不可。使天下之人不敢自私，不敢自利，以我之大私为天下之大公"。也就是说，天下之人失去了个人的功利追求，从而君主得以将个人私利置于天下人的公利之上。

---

❶ 黄宗羲：《明夷待访录》，吴光主编：《黄宗羲全集》，第一册，浙江古籍出版社，2012年，第2页。

视天下为莫大之产业，传之子孙，受享无穷。……此无他，古者以天下为主，君为客，凡君之所毕世而经营者，为天下也；今也以君为主，天下为客，凡天下无地而得安宁者，为君也。是以其未得之也，屠毒天下之肝脑，离散天下之子女，以博我一人之产业。(《明夷待访录·原君》)

将获得统治权当作为自己的子孙置业，并将天下之利归于自己，这已经完全背离了设置君王的本意。❶ 由此，在《原法》中，黄宗羲说："三代以上有法，三代以下无法。"这里的有法无法，主要是君主为天下公利之法，三代以上之法皆为天下万民之衣、食、教育、婚姻而立，而后世的君主则背弃了这样的"法则"，秦变封建为郡县、汉建庶孽和宋解方镇等，其本质总是"一家之法"，只为满足君主自己之私利，未曾有"一毫为天下之心"。

清代学术，颇有复归三代之治之心，这也是考据学兴起的一个重要根源。从价值观上，他们承续了晚明肯定个人价值和欲望合理性的公私观，并通过文字

---

❶ 黄宗羲：《明夷待访录·原君》，吴光编：《黄宗羲全集》，第一册，第2—3页。

的考订和解释加以推进。

肯定人的自然欲望的合理性，是戴震解释孟子思想时所要发挥的重要观点。戴震从自然之纹理来理解"理"的自然属性。据此，他认为人欲是天然合理的。若如理学家那样将人欲视为私念而必欲除之，就会导致对人的正常生理需求的剥夺，进而造成以理杀人的后果。戴震反对宋儒将理欲对立，认为人之患在于私，而不在于欲望，即只顾满足自己的欲望而禁绝别人的正常需求，这是为私所蔽。他说：

> 人之患，有私有蔽；私出于情欲，蔽出于心知。无私，仁也；不蔽，智也；非绝情欲以为仁，去心知以为智也。是故圣贤之道，无私而非无欲；老、庄、释氏，无欲而非无私；彼以无欲成其自私者也；此以无私通天下之情，遂天下之欲者也。[1]

在戴震看来，欲望与自私并不能等量齐观，老庄和佛教也强调无私，但他们却是为个人之自由和解脱

---

[1] 戴震：《孟子字义疏证下》，《戴震集》上海古籍出版社，2009年，第323页。

不顾社会责任的最自私的一类人。因此,不能通过弃绝情欲的方式去行仁,仁就是让天下人正常欲望都能得到满足。

与戴震熟稔的程瑶田对公私的讨论也很周密。他反对将公私对立的说法,在《述公》篇中,他说:

> 人有恒言,辄曰"一公无私",此非过公之言也,不及公之言也。此一视同仁,爱无差等之教也。其端生于意、必、固、我,而其弊必极于"父攘子证",其心则陷于欲博大公之名。❶

如果固执于大公无私的理念,那么就会出现父子相亲之情难以维护的境地。

程瑶田认为,儒家由亲亲为出发点,并不主张无私之"公"的观念,他说:

> 公也者,亲亲而仁民,仁民而爱物。有自然之施为,自然之等级,自然之界限,行乎不得不行,止乎不得不止。时而子私其父,时而弟私其兄,自人视之,若无不行其私者。事事生分别也,

---

❶ 程瑶田:《论学小记·述公》,《程瑶田全集》(一),陈冠明等点校,黄山书社,2008年,第52页。

人人生分别也，无他，爱之必不能无差等，而仁之必不能一视也。此之谓公也，非一公无私之谓也。❶

他从亲亲仁民爱物的古训出发，认为普遍的爱是建立在对父子之亲、兄弟之情这样的情感基础上的不断推扩；若爱无差等，对公共事物的爱也就难以理解。所以，程瑶田所强调的公是公私之间的有序结合。

公私观念的近代转折

1840年之后，面对数千年未有之大变局，如何于万国竞逐的民族国家体系中建立起现代民族国家，成为摆在国人面前的首要问题。基于对国家和家的关系的认知新维度，学人们在公私问题上也有了新的认识，建立在"王者无外"基础上的超国家的"公"的观念被质疑。1903年发表在《浙江潮》中的《公私篇》一文中说，"且不以中国人之中国视中国，而以天下人之中国视中国，遂乃以顺民之资格实行公天下主义。箪食壶浆以迎来者"。在外敌环伺的时代，倡导天下主义

---

❶ 程瑶田：《论学小记·述公》，《程瑶田全集》（一），第53页。

的观念，可能会导致对国家利益的背叛。的确，在民族国家体系的主权意识之下，对国家的忠诚是国民的基本伦理原则。

所以，梁启超在以建立现代"国民"意识为目标的"新民说"中，反复讨论"公德"和"私德"。在《论公德》一文中，梁启超强调了缺乏私德的公民是难以成为对国家有责任意识的新国民的。他认为中国传统的伦理比较侧重"一私人对一私人之事"，以团体为单元的道德意识比较缺乏。梁启超说社会道德是以"利群"为目标，若只知有私德，忽视公德，那么"国民中无一人视国事如己事者"[1]。为了将中国建成有竞争力的国家，梁启超强调了树立公德意识的必要性。

在写完《论公德》之后，一向善于自我否定的梁启超发现一些人以"国家"之事业来压制个体价值，所以，他又从公德和私德的关系出发撰写了《论私德》一文。

在文中，他提出个体才是道德的基础，无论是私人之间的交涉还是公私之间的交涉，若这个社会个人道德低下，就难以有所谓的"公德"。在这里，梁启超

---

[1] 梁启超：《新民说·论公德》，载汤志钧等编：《梁启超全集》，第二集，中国人民大学出版社，2018年，第540、541页。

似乎又回到了儒家伦理的"推扩"观,即所有道德意识都是内心的良知的推展:

> 孟子曰:"古之人所以大过人者无他焉,善推器所为而已矣。"公德者,私德之推也。知私德而不知公德,所缺者只在一推;蔑私德而谬托公德,则并所以推之具而不存也。故养成私德,而德育之事思过其半焉矣。❶

梁启超感受到因为私德之污坏,西方的自由平等学说进入中国之后不但没有增进国民之道德,反而形成了道德虚无主义。比如,自由学说的引进,造就了人们破坏秩序的情绪;平等学说的传入,引发人们开始蔑视制裁,逃避自己的责任和义务;权利学说的传入,使得人们开始忽视公益;竞争的观念不是针对外敌,而是离散了国民的团结。由此,梁启超认为要反对否定一切针对固有道德的破坏主义,要在传统道德的基础上不断吸纳、建构新的道德系统。他借助王阳明《拔本塞源论》的说法,提出要破除功利观念,以

---

❶ 梁启超:《新民说·论公德》,载汤志钧等编:《梁启超全集》,第二集,中国人民大学出版社,2018年,第634页。

良知为自家准则，勇于实践，然后新道德才可期。到20世纪20年代，他出版《先秦政治思想史》时，依然在批评中国人只有天下观念，只有家族观念，而没有国家观念。从中国早期公私观念来看，这样的批评是比较奇特的。因为若从"公"的角度，王者无外是最大的公，"国家"相比于天下，就不是"公"而是"私"。当然从"国家"和"家"相对的角度，则国家是"公"，家族是"私"。既然进入了"国家"的时代，天下观念就变成了"无枝可栖"的虚妄理念。

晚清社会，无论是改良派、革命派甚至更为极端的无政府主义思潮，天下为公的观念更直接地体现为对民本的提倡和落实，即国家的建立需要保护国民的权利，这才能体现国家之"公"。改良派认为，君主立宪的目标也包含着将国家从皇权专制中"制度性"地转变为保障民众权利的宪政国家。而革命派则从皇权不可能自动放弃其利益的角度，认为必须推翻帝制，建立共和政体，民众利益和公共的福祉才可以得到保证。而无政府主义者虽然否定国家的价值，指出所有的政治设置都会导向对个人的利益的剥夺和压制，只有无政府社会民众才能得到真正的自由，其内在的逻辑依然是民本。

革命派的公私观念集中地体现在孙中山所做的

"三民主义"的系列讲演中。

孙中山的"三民主义"的基础是民族主义,这与他的天下大同的社会理想不一致,孙中山所倡导的民生主义,与当时欧美流行的世界主义和共产主义之间更为接近,但孙中山进行了双重的"辩护"。首先,他认为欧美国家的世界主义背后存在着一种对于弱小国家的欺凌甚至灭国的行为,这与中国传统的天下主义所提倡的共存和共享的原则相背离。其次,中国要将自己的文化保存甚至推广到世界,首先要用民族主义来使这个国家和民族得以存在并壮大,从而担负起改变不平等秩序的责任,并帮助弱小的国家摆脱殖民统治。孙中山说:

> 中国对于世界究竟要负甚么责任呢?现在世界列强所走的路是灭人国家的,如果中国强盛起来,也要去灭人国家,也去学列强的帝国主义,走相同的路,便是蹈他们的覆辙;所以我们要先决定一种政策,要"济弱扶倾",才是尽我们民族的天职。我们对于弱小民族要扶持他,对于世界的列强要抵抗他。❶

---

❶ 孙文:《三民主义》,三民书局,1965年,第72页。

如果做不到这一点,就算不上是治国平天下。就此意义说,孙中山是对民族主义和世界主义做了新的理解,他要将平等和共存的观念注入世界主义,从而将世界主义转变为一种保护弱小民族的新天下主义的观念。在此观念下,民族国家应是和平的主体,而不是倚强凌弱的发动者,而这样的世界,才是人类共同的家园。

选贤与能:先秦政治转型中的公私观念

春秋战国时期,封建制逐渐解体,社会结构和生产方式都发生了巨大的变化。顾炎武描述这种变化时说:到战国时期,国与国互相征战,不再守誓约。士阶层流散无依,亦无忠诚可言。按顾炎武的话说,"邦无定交,士无定主"。(《日知录》卷十三《周末风俗》)

"士无定主",意味着有才能的人因为社会结构的变迁或国家被兼并而失去了原先的职位,也表明他们可以自由地选择自己的服务对象。由频繁的战乱造成社会阶层重组,一个新的社会阶层逐渐活跃起来,这就是被称为"士"的群体。其实,很难确切地划定"士"群体的边界,他们或包括原先在诸侯国或卿大夫家任职的人，也包括那些诸子百家的门徒，他们在孔子、墨子这样的学派或团体接受教育，并具备礼仪或其他行政和管理才能。

春秋战国时代人才的频繁流动，是因为统治阶层为巩固其统治而产生的对各种类型人才的需求。

春秋时期最为著名的任用贤才的故事，当数齐桓公接纳管仲。当时管仲和鲍叔牙二人相友并同处于齐。但他们各有其主，管仲追随公子纠，鲍叔牙则跟从公子小白。在争夺统治权的时候，管仲与召忽随公子纠跑到鲁国，鲍叔牙奉公子小白出奔莒。在公孙无知杀死齐襄公之后，纠和小白争着回齐国去继承政权，管仲负责阻挡小白由莒回齐的道路，并射中小白的带钩。在小白获得政权为齐桓公之后，胁迫鲁国杀公子纠，召忽殉死，管仲被囚禁。当时齐桓公想杀死管仲，可是鲍叔牙认为管仲是个治国之才，并说一个统治者要摈弃私怨，"吾闻贤君无私怨"，要成就霸业，就必须招纳贤才。后来，齐桓公在管仲的辅佐下，长期成为春秋时期的霸主。之后的晋文公也是因为突破了血缘的限制，任用长期追随自己的贤才，并确立六卿制，进而在春秋五霸中脱颖而出。

儒、墨两家对于选贤的基本看法

春秋时期的显学,儒、墨两家都主张要吸纳贤能之士来保障国家的强大,否则就会有亡国之危。《墨子·亲士》说:

> 入国而不存其士,则亡国矣。见贤而不急,则缓其君矣。非贤无急,非士无与虑国。缓贤忘士,而能以其国存者,未曾有也。

在此篇中,墨子还说君主与其去搜寻奇珍异宝,不如"献贤而进士"。在著名的《尚贤》篇中,墨子说,所有的统治者都希望国家富强,人民富足,但为何总是事与愿违呢?原因就在于不能"尚贤事能"。那怎么算是尚贤呢?按墨子的说法,就是给他们爵禄,"富之贵之,敬之誉之"。墨子质问说,许多国君在寻找技术性人才的时候,还是能因才任人,唯恐选择了不合适的人致使他财物受损。但是在寻找治国人才的时候,却只考虑血缘亲情,最终导致国家的覆亡,这是何等糊涂的做法啊。

儒家也主张选贤与能,孔子在删定六经的时候,尤其注重古代圣王选择贤能而治国的事例。在《尚书》中，我们就可以看到对于禹等人对贤能重视的赞誉，以及周人对于纣王虐杀贤人比干的批评。儒家所说的贤人，不仅是能力上出众，还需品行上乘。在《论语》中，孔门师徒已经将"贤"的含义做了扩展，更为强调"贤"所具有的道德要求。比如，孔子一直称赞颜回是一个贤人，并不是从他的事功出发，而是肯定其在穷困的环境中，依然保持修身治学的操守。《论语·雍也》说：

> 子曰："贤哉回也！一箪食，一瓢饮，在陋巷，人不堪其忧，回也不改其乐。贤哉回也！"

由此可见，儒家在传统注重"绩效"的"贤能"观念中强化了其道德因素。按《说文解字》的说法，"贤"的最初含义是"多才"，与"贤能"的道德化相对应，原先代表社会身份的"君子"，在《论语》及以后的儒家文本中侧重于指称仁、智、勇这样的人格特质。当在《论语》中，看到孔子告诫弟子"士志于道"和"汝为君子儒，无为小人儒"时，"士"与"君子"在意义上就可以互换。

在伦理政治的意义上，政治并非一定要落实到社会治理的层面，也可以是修身齐家这样的家庭道德实践。

比如，有人问孔子为什么不去从事政治活动，孔子借助《尚书》中"孝乎惟孝、友于兄弟，施于有政"的话说，"是亦为政，奚其为为政"（《论语·为政》）？也就是说，孝敬父母，兄弟相友也是政治。另一方面，士君子在修己的基础上，还要把这种伦理政治推扩到社会秩序的建构中，"修己以安百姓"（《论语·宪问》）。

儒家在价值理想上的坚持，使他们与现实政治之间产生了足够的张力，他们要以自己的价值理念去改造、修正现实政治，并不肯牺牲原则去屈就，他们可以是一个君子的批评者和教育者，也可以是独善其身的观察者，"道之不行，乘桴浮于海"（《论语·公冶长》），通过自己的道德感召力去影响社会。

儒家告诫统治者要进贤纳善，在《尚书》中就有许多关于任贤的说法。比如，"建官惟贤，位事惟能。重民五教，惟食、丧、祭。惇信明义，崇德报功。垂拱而天下治"（《尚书·周书·武成第五》）。如果能找到一个合适的人来担任职务的话，君王就可以实现"垂拱而天下治"的目标。在《礼记·王制》中，我们可以看到，司徒的职能之一就是"上贤以崇德"。到战国末期，在以效能为主要标准的法家的冲击之下，儒家也强调儒生在治理国家和巩固地方秩序时的作用。荀子在回答秦昭王"儒家对于治国是否无益"的问题时，就特别指出儒家能适应新的政治格局，敦促秦国任用儒生，因为他们"在本朝则美政，在下位则美俗"（《荀子·儒效》）。从这个对话中，我们可以看出在封建和郡县混合体制下的秦昭王对儒家政治效能的怀疑，这促使荀子专门写作《儒效》这样的篇章来回应类似的质疑。

儒、墨两家在选贤主张上的分歧

儒墨共同主张选贤与能，不过，与墨家摈弃其他可能途径不同的是，儒家在主张贤者居位的时候，并不完全否认家族血缘的重要性。王国维说：

> 尊尊、亲亲、贤贤，此三者治天下之通义也。周人以尊尊、亲亲二义，上治祖祢，下治子孙，旁治昆弟，而以贤贤之义治官。故天子、诸侯世，而天子、诸侯之卿、大夫、士皆不世。盖天子、诸侯者，有土之君也。有土之君不传子、不立嫡，则无以弭天下之争。卿、大夫、士者，图事之臣也，不任贤，无以治天下之事。❶

---

❶ 王国维：《殷周制度论》，见《王国维全集》第八卷，浙江教育出版社、广东教育出版社，2009年，第315页。

与墨子这样的彻底理想主义者相比,儒家有更多的现实层面的考虑,他们并不将尊贤和亲情原则完全对立。《左传·僖公二十四年》中说周襄王与郑国之间有冲突。当时郑国因为滑国对他们阳奉阴违而要惩罚滑,周襄王派两个人来替滑国求情,可郑国因为怨恨周襄王对自己轻慢和偏袒滑、卫而扣下了两个说客。周襄王怒而要让狄来攻打郑国。这时一个叫富辰的人进谏说,兄弟之间虽有矛盾,但还是会一致对付外侮,认为周襄王应该继承以亲属屏藩周王的传统,不应该为一点小事而与郑国撕破脸。他说:"庸勋亲亲,昵近尊贤,德之大者也。"(《左传·僖公二十四年》)由此可见,儒家是将亲亲原则和尊贤原则并重的,亲亲可以保证国家与社群的凝聚力,进贤则有助于增进国家与社群的活力。

在儒家看来,自然感情是推出天地之爱的一个基点。孟子尤其着力于"拒杨墨",认为杨墨否定了君和父的优先性原则,从而也就构成了对儒家之尊尊、亲亲的原则的破坏。在孟子看来,墨子的尚贤和兼爱等观点,与儒家有很多的相似性,反而容易迷惑人,必须加以辨别。甚至说杨墨无君无父,是禽兽之行为。孟子认为墨子学派将进贤尊老和注重血缘对立起来,是看不到两者之间的内在一致性,孟子以"一本"论

来论证儒家的差等性的爱与追求的普遍性的爱，其实是统一的。❶

荀子在解释"先王之道"的时候，也主张尚贤与亲亲的结合。他说：

> 尚贤使能，等贵贱，分亲疏，序长幼，此先王之道也。故尚贤遏使能，则主尊下安；贵贱有等，则令行而不流；亲疏有分，则施行而不悖；长幼有序，则事业捷成而有所休。故仁者，仁此者也；义者，分此者也；节者，死生此者也；忠者，惇慎此者也。兼此而能之，备矣。（《荀子·君道》）

梳理了贤能政治和亲亲原则各具其社会功能，应该将之结合，而不是如墨家那样因尚贤而否定血缘的纽带。

选贤与能既然作为重要的政治原则，就需要一系列的制度来支撑，儒家在"选贤"上有什么独特的制度创新呢？在制度化的察举和科举制度形成之前，选贤一般是采取"寻访"和"举荐—考核"等多重渠道

---

❶ 参看干春松：《多重维度中的儒家仁爱思想》《中国社会科学》，2019年第5期。

进行。《尚书·尧典》仔细地描述了尧如何选定舜为接班人的过程。如果说禅让制并非一个常态下的制度，那么，《孟子》中则对于选拔贤能的多元化考察途径有典范性的表述。当齐宣王问孟子如何识别人才的时候，孟子说：

> 国君进贤，如不得已，将使卑逾尊，疏逾戚，可不慎与？左右皆曰贤，未可也；诸大夫皆曰贤，未可也；国人皆曰贤，然后察之。见贤焉，然后用之。（《孟子·梁惠王下》）

在儒家文献中，"寻访"可能是儒家尊贤故事中最具有传奇性的。这类故事中所包含的"遇"与"不遇"的命运遭际，也体现出选贤制度中贤才本身的"被动地位"。作为修身的一个重要原则，儒家经常强调要"居易以俟命"，反对"行险以徼幸"。但平静地对待命运的选择并不意味着放弃，而是通过增加自身的"贤能"成色来获得施展才华的可能性。在《孟子·告子下》中孟子列举了舜、傅说、管仲等故事，来激励士要"动心忍性"，永不放弃。《韩诗外传》卷七对先秦时期的这些"机遇"做了总括性的描述。通过对伯夷叔齐等贤人的遭遇，提示"遇"与"不遇"不是自己能控制的，但前提是提升自身的能力值。

> 故虞舜耕於历山之阳，立为天子，其遇尧也。傅说负土而版筑，以为大夫，其遇汤也。吕望行年五十卖食棘津，年七十屠朝歌，九十乃为天子师，则遇文王也。管夷吾束缚自槛车，以为仲父，则遇齐桓公也。百里奚自卖五羊之皮，为秦伯牧牛，举为大夫，则遇秦缪公也。虞丘於天下，以为令尹，让於孙叔敖，则遇楚庄王也。伍子胥前功多，后戮死，非知有盛衰也，前遇阖闾，后遇夫差也。夫骥罢盐车，此非无形容也，莫知之也。使骥不得伯乐，安得千里之足？造父亦无千里之手矣。(《韩诗外传》卷七)

作为士，要穷而不忧，困而志不衰，就会获得机会。如若不知盛衰之规律，即使手握机会，也会身败名裂。

禅让与革命：神话和理念

选贤与能，侧重点是统治者如何选择有才能的士君子为己所用，让社会秩序顺利运转。不过，在儒家的示范性政治框架中，贤能政治的最核心问题，是如何确立最高统治者。《礼记·礼运》篇首给了我们两种产生统治者的模式，其一为公天下，其二为家天下。公天下通过禅让来体现，家天下则采用传子或兄终弟及的世袭制。按《礼记·礼运》的说法，这是区分大同和小康的最主要的指标。

禅让制，是儒家的最高政治理想体现。无论是政治意义上的诸侯"选贤"，人伦意义上的"不独亲其亲"，还是社会生活意义上的"不必藏于己"，都来自于"天下为公"的大共同体精神。

尧舜禅让

在先秦的文本中，"禅"和"让"往往单独出现。表达禅让的意思的还有授、与等。在《荀子》的书中出现了"擅让"这一组合词，从意义上看十分接近禅让。真正将禅让连用的是汉代的经师，他们用"让"来解释"禅"。不过，在史书里，要到《后汉书·高凤传》中范晔用来"颍阳洗耳，耻闻禅让"，是正史中首次正式使用"禅让"一词，不过这个时候"禅让"已经变成阴谋家掩盖其窃取政权的"虚文"。

从某种意义上说，战国时期广受推崇的禅让制是士阶层自由流动之后贤能政治的最高理想，也是儒家反对"世卿""世官"制度的价值基础，蒙文通说："盖自战国以来，布衣之士已崛起而居卿相。夫布衣之不容世族而久据贵势，与豪人之独擅富厚，自必并力以摈之，固势理之必然。此思想之一变，而《公羊》所以讬《春秋》而讥世卿也。"❶按此说，禅让是战国时期流散士人对于最高权力的想象，而在儒家经典中，尤以《尚书》《春秋》力主之。

很显然禅让主要发生在传说时代，因此，人们经常怀疑禅让事件的真实性。不过，对先秦诸子而言，他们对中国早期历史的"塑造"是要为现实世界提供一种批判性或建设性的维度，至于是否是历史的"真实状态"反在其次。从追究史实的角度，疑古派的出现有其必然性，但从意义和价值维度，早期圣王谱系的"构建"是文明体树立价值指向的必要过程，这种价值树立的立意甚至决定了这个文明的高度。

在春秋战国时期，禅让代表了对权力私有的批评，其提倡的"公天下"的精神。这种价值符号是如此地

---

❶ 蒙文通：《儒家政治思想之发展》，《蒙文通全集·儒学甄微》，巴蜀书社，2015年，第76页。

深入人心，即使是对儒家价值持解构性立场的道家和法家，也会借助禅让来阐发他们对统治合法性的思考，或借此来批评儒家政治观念的"虚幻"。代表法家思想的《商君书》中说道：

> 故尧舜之位天下也，非私天下之利也，为天下位天下也。论贤举能而传焉，非疏父子亲越人也，明于治乱之道也。（《商君书·修权》）

意思是说，尧舜居天子之位，并非是将天下作为自己的私有物，而是为天下人管理天下而已。思想谱系比较复杂的《吕氏春秋》也认为禅让行为堪称"至公"：

> 尧有子十人，不与其子而授舜，舜有子九人，不与其子而授禹，至公也。（《吕氏春秋·去私》）

传贤不传子，是禅让说的核心，是"公天下"还是"家天下"的分水岭。《尚书·尧典》[1]对这个理念的塑造意义重大。在《尧典》中，尧为寻找继位者的人选而询问了各方大臣的意见，他们分别推荐了包括

---

[1] 《尚书·尧典》的成书年代有许多争论，笔者倾向于认为是春秋晚期战国初期。

尧的儿子朱丹等人，但都没有被尧认可。最终舜以其能在恶劣的家庭环境中保持孝道而被认为是最佳的继位人选。

该文描述的尧舜禅让事迹包括禅让理念下政权转移的四个基本程序性的要素：一是天子在位时就选定人选；二是接受推荐；三是被推荐者并无身份要求；四是选定继位者之后，还需要进行考核。《墨子》和《孟子》中的尧舜禅让故事比《尧典》更为复杂，可以看作是在这个故事原型基础上的丰富，而这些程序原则在《孟子》《荀子》文本中都进行了反复讨论，孟子和荀子认为并不接受禅让高于世袭的"成见"，认为判别政权转移的合法性的最关键因素是是否物色到最佳的领袖人选，以什么方式物色反倒在其次。

近年出土的《唐虞之道》和《容成子》等作品，展现了更为丰富详密的古代圣王的禅让谱系，也证明了禅让说在春秋晚期和战国初期受人推崇的状况。随着这些作品被发掘，禅让制是否在历史中真实发生的问题也再度引发人们的兴趣。

一种价值观的流行说明其存在着广泛的社会基础，在历史上也多次出现将禅让理念现实化的例证。许景昭梳理了商代至春秋战国的禅让思想与实践，他发现，自商周到春秋有比较多的"让国"事件，但理论讨论较少；而战国时期则是讨论热烈而实例不多，他说，相同者，均以礼让精神为让位之根本价值。而不同之处，则在于禅让之延伸精神：战国时的禅让思想倡导异姓相让，贤者继位，而不再固限于春秋之亲缘让国。❶

虽然类似泰伯这样的兄弟间让贤也深受儒家的肯定，但就禅让之本质而言，让国所体现的是儒家基于"让"而追求的宗族和睦的理想，与"公天下"并无关联，只有超越血缘的选贤才是更为彻底的"选贤与能"。

战国时期受到普遍关注的是燕王子哙让位于子之的故事，这是依据禅让理念的一个现实操作。但实质上，子哙的禅让看起来是纵横家苏代的阴谋之一，从现有的记载看，鹿毛寿劝说燕王说，尧舜之所以获得美名，是因为让天下的缘故。但许由没接受，这样，让王者和拒绝者都获得了美名。借鉴这个例子，他建议子哙将天下让给子之，并断言子之肯定不敢接受。如此，你既可以坐收尧舜之名，又不会失去天下。从实际的效果看，这次基于阴谋和掠取名誉的"禅让"带给燕国的是混乱。这也是孟子对禅让制没那么推崇的原因之一。

---

❶ 许景昭：《禅让世袭及革命：从春秋战国到西汉中期的君权传承思想研究》，上海古籍出版社，2014年，第131—132页。

随着由春秋向战国的社会结构的转变，即使是儒家内部，主张禅让的声音也呈现日渐微弱的倾向。对于禅让制衰落的原因，有多种说法，比如，李存山先生认为燕国所发生的子哙的禅让事件及其悲剧性后果是战国后期禅让思潮衰落的原因。也有人认为君主世袭制的逐渐成形可能是禅让销声匿迹的原因。而尤锐则认为是因为战国时期的人们除了引用尧舜故事之外，并不能有坚实的推理来说明禅让制优于世袭制的理由。❶

汤武革命

与禅让说相关的是儒家的"革命"论述，按"革命"的逻辑，现存的政权不能符合民心，人民就可以采取革命的手段将之推翻，发生在夏末和商朝末期的"汤武革命"，儒家都从"顺乎天而应乎人"的角度做了肯定。

在儒家的思想谱系中，孟子最重"革命"精神，《孟子，梁惠王下》记载：

---

❶ 参见尤锐：《展望永恒帝国：战国时代的中国政治思想》，上海古籍出版社，2018年，第98页。

齐宣王问曰:"汤放桀,武王伐纣,有诸?"孟子对曰:"于传有之。"曰:"臣弑其君,可乎?"曰:"贼仁者谓之贼,贼义者谓之残,残贼之人谓之一夫。闻诛一夫纣矣,未闻弑君也。"

孟子在与齐宣王的对话中,强调了一个君主的政治地位会因他失去百姓支持而不再具有正当性,顺此,君臣之间的伦理关系也就宣告完结,不再能用君臣之间的道德责任来要求臣民。因此,对于齐宣王试图用"弑"来定义汤武革命的时,孟子则认为只是"诛杀"一个失道之人而已,即所谓"诛一夫"。

墨子在《非攻下》中也用"诛"来理解汤武革命。针对有些人用汤武革命来非议墨子所主张的"非攻"思想的时候,墨子回应说,商王不序其德,使百姓生活深受其苦。商纣王也是如此,汤武之攻打桀纣,是顺应民意,"非所谓攻,所谓诛也"。从某种意义上说,墨子的革命论更为彻底,他无需从君臣一伦出发,而是认为统治者若造成人民的痛苦,可以直接"诛"之。汤武的行为不能说是攻伐,而是诛杀暴君,救命于水火的义举。秦汉之际的《吕氏春秋》等著作也肯定汤武革命,在《振乱》篇中强调,对攻伐的政党性的评判是正义与否,如果片面地否定攻伐,就是对无道之政的姑息，是"穷汤、武之事而遂桀、纣之过也"。

《墨子·公孟》中公孟对墨子说，若是以贤德程度来授予社会职位，那么像孔子这样的圣人就应该做"天子"。蒙文通先生认为这是十分具有革命精神的言谈。❶ 章太炎曾指出，公孟就是孔子弟子孟子高，也就是公羊高，是公羊学的创始人。在公羊家看来，孔子有德无位，以《春秋》来为万世制法，就是"以春秋为新王"，即为"素王"。"素王"也在某种程度上消解了君臣伦理关系的绝对性。

公羊家将孟子视为精神上的起点，其革命精神亦在公羊家对公羊义例的阐发中多有呈现。近人陈柱在概括公羊哲学时，指出将君臣一伦视为天经地义违背了孔孟大义，若是将推翻无道的君主视为"弑君"，就是让全体国民成为独夫民贼的牺牲品。他认为公羊家托"王鲁"，以孔子为有德无位之"素王"，都体现了要拨正现实政治的革命精神。他还说，公羊传将"元年春，王正月"解释为大一统的建立，就是对文王受命，武王革命事功的肯定。❷

---

❶ 蒙文通：《孔子和今文学》，《蒙文通全集·儒学甄微》，巴蜀书社，2015年，第328页。

❷ 陈柱：《公羊家哲学（外一种）》，华东师范大学出版社，2014年，第160页。

郡县制国家的建立，皇位继承问题已不复被允许质疑，然而，通过天人关系的新阐发，董仲舒提出"屈君而伸天"，特别强调了人对于天的服从，又以仁爱来定义天道的道德性，希冀保持道德要求对君子权力合法性的制约。

汉初公羊学盛行，公羊学中的素王、革命思想，亦不时通过儒生的政治主张直接表达出来。前人多有批评汉儒之掺杂阴阳黄老之言，颇疑禅让说的儒家品格，对此，钱穆有所辩护：

> 汉儒恢伟，颇羼阴阳家言，以孔子为教主，奉尧、舜禅让为绳律，推演五德终始，发明无万世一统之帝王。既主禅国让贤，而一代之新王兴，又必变法易德，与民更始，以符大化之运，而归其极于天人之相应。其立说虽时杂谶纬迷信，要之儒学之大义存焉。❶

汉儒对其他诸子之言多有吸收，目的是为了丰富儒家之政治理想。因此，不能因为其论证方式的转变就否定其儒学本质，禅让说在汉代的流行，是儒家理

---

❶ 钱穆：《政学私言》，九州出版社，2011年，第126页。

想主义在大一统政治格局下的一次"挣扎"。

《史记·儒林列传》记载了汉景帝时辕固生与黄生的一次争论：清河王太傅辕固生以治《诗》著称，孝景时为博士。他与倾向于黄老之学的黄生在景帝面前就汤武到底是革命还是弑君展开了争论。黄生坚持认为汤武非受命，是弑君者。辕固生反驳说：桀纣暴虐，天下之人心皆归向汤武，民心所向就是"受命"，他们顺应民心而诛桀纣，是正当的行为。黄生进一步的申说很有意味，他说，君臣关系就如冠履一样，其本质是预先就决定了的。最破的帽子也要戴在头上，最新的鞋子也只能穿在脚上。君臣关系也一样。桀纣虽然昏聩，但他们是君主；汤武是圣人，但他们是臣下。若是肯定汤武的行为，就会导致一旦君子有过失，臣下不是通过规劝和讽谏使其改正，而是直接诛杀并取而代之，这就是弑君啊。对此，辕固生的回击并不针对黄生的逻辑，而是诉诸汉代秦的合法性：即若不肯定革命理论，汉高祖怎么可以推翻秦政呢？辕固生和黄生的争论其实涉及政权的取得和统治权的维持这双重问题，革命理论的确有助于为政权之取得提供正当性依据，但也会导致对统治权的颠覆。所以，景帝的裁决是劝大家不要再争论这些问题了。《史记·儒林列传》说："是后学者莫敢明受命放杀者。"

天道与正统：董仲舒以后对政权更替的讨论

不过，关于禅让和革命的讨论，在汉代并没有停止。儒家革命论和君臣之伦服务于不同的政治目标，而作为公羊博士的董仲舒及其弟子不可能完全放弃这个议题。只不过董仲舒侧重于理论探索，而他的学生眭孟则试图让汉昭帝接受禅让说。这种与虎谋皮的论说使臣子难免于血光之灾。

在《春秋繁露》中，有一篇文字专门讨论尧舜禅让和汤武革命的关系。董仲舒说：

> 天立王，以为民也。故其德足以安乐民者，天予之，其恶足以贼害民者，天夺之。有道伐无道，此天理也。君也者，掌令者也，令行而禁止也，今桀纣令天下而不行，禁天下而不止，安在其能臣天下也！果不能臣天下，何谓汤武弑？（《春秋繁露·尧舜不擅移汤武不专杀》）

依家庭伦理的原则，父亲若有财物遗留给儿子，儿子并不能将之随意施舍给别人。但统治者所治理的天下，并非是父亲的遗产，天下是天所予，他个人不能直接留给他的子孙。这就是说，天下与家庭之私有财产在性质上完全不同。王者之地位的获得与失去的最终裁决权在"天"而不在统治者自身。尧舜就是从天之意，进行政权交接，而儒家为什么将汤武也列为圣王呢，是因为他们看到桀纣对天意的违背，而拨乱反正。

这实质上是对孟子弥合禅让和世袭关系的一种"天人观"上的论证，政权转移方式优劣不如以"义政"与否来衡量更为关键。这种较为折中的方式让蒙文通评价说董仲舒的春秋学让儒家的革命精神趋于消沉：

> 自儒者之说，始乱于仲舒，易革命为改制，易井田为限田，选天子之说废，而教太子之说起，明堂议政之义隐，而诤臣讽谏之义张，学校与考试相代兴，封建与守相相错杂，其蜕变固可考也。既乱于学官博士之术，再乱于佚经古文之说，章句训故，秕尘极目，而大义晦、微言绝。❶

汉昭帝时有董仲舒的再传弟子眭孟，他听说泰山

---

❶ 蒙文通：《儒家政治思想之发展》《蒙文通全集·儒学甄微》，第78—79页。

有巨石自立，还有枯木复生，上有文字。他说他的老师董仲舒曾经说过"虽有继体守文之君不害圣人之受命"，据此他引申道，在君主世袭的情况下，依然会有受命之圣人出。自然界所出现的怪异现象，表征受命之君已经出现，因此，他希望汉帝自动禅位。在强势的汉武帝去世之后的复杂政治局面中，有人提议禅位，这让当时的权臣霍光十分不满，以妖言惑众罪处死了眭孟。

有学者认为，眭孟的说法为儒家的政权更替提供了新的思路。"禅让出于世袭与革命之间，是两者的调节手段，而其最大好处就在于防止世袭君权的腐化以及避免暴力革命的出现"❶，并认为眭孟的学说对西汉中后期产生了影响力，并"为王莽代汉铺上一条平坦的道路"。

禅让制所体现的政治理想是何其符合天道人心，也符合儒家之义理，这颇为现实中的政治野心家和阴谋家所喜欢，西汉末期王莽就实践了一次禅让制，最终却被后世的儒家定义为"篡夺者"。王莽的失败并没有阻止后世政治家对"禅让说"的喜爱。东汉末期的

---

❶ 许景昭：《禅让世袭及革命：从春秋战国到西汉中期的君权传承思想研究》，上海古籍出版社，2014年，第267页。

曹魏政权取代东汉而立，以及司马家族以晋代曹魏，禅让说一再成为篡夺者论证政权更替的正当性依据。后来的唐朝和宋朝等都借禅让之名来自证其权力的合法性。王夫之评论说，禅让这个名头被反复地盗用，似乎不借用舜禹禅让的故事，后世的那些统治者都想不出更好的执政理由：

> 自曹氏篡汉以来，天下不知篡之为非，而以有所授受为得，上习为之，下习闻之，若非托伊、霍之权，不足以兴兵；非窃舜、禹之名，不足以据位，故以唐高父子伐暴君、平寇乱之本怀，而不能舍此以拔起。呜呼！机发于人而风成于世，气之动志，一动而不可止也如此夫！（《读通鉴论》卷十九《隋炀帝》）

王夫之的思想具有鲜明的启蒙色彩，他从公私之分出发批评皇权专制政治是以一己之私而不惜"弱天下"。他甚至批评周文王为了防止相权的制约，而设立三公之位，赋予他们至尊的地位。这些地位至尊的人的作用仅仅是分散宰相的权力而已。他并以此为例兼而批评明代废置宰相的做法，是让国家失去活力的原因，导致了华夏之文明失坠的恶劣后果。

王夫之对儒家的正统论亦有新论。他认为正统的根据在于文明与野蛮的区分，而不在于由某个特定的族权来组织国家。据此，他认为政权的转移也非就以禅让为高，世袭为低，他指出政权"可禅、可继、可革，而不可使夷类间之"❶，即只要能够保存华夏文明免遭夷狄侵害，改朝换代的方式并不是不可变通。在王夫之看来，国家的设立就是保护族群免受外敌的欺凌，君主的责任也是"保其类"。但后世之君王却只注重君主权力的维护，"一姓之兴亡，私也，而生民之生死，公也"❷。这与顾炎武对于亡国和亡天下的辨别有异曲同工之效。

王夫之身处明清之际的复杂的政治和文化环境中，对于中华文明能否得以延续抱有深刻的忧虑。一方面，他强调了文明的延续对于证成政治正当的重要性，由此禅让还是革命，要以不导致"以夷变夏"为前提；另一方面，王夫之与顾炎武、黄宗羲一样，以"天下为公"的态度，祈求避免因战乱而导致"原野流血之惨"。

---

❶ 王夫之:《思问录·俟解·黄书·噩梦》，中华书局，2009年，第103页。

❷ 王夫之:《读通鉴论》卷十七，《船山全书》，第10册，岳麓书社，1988年，第669页。

清末民初，面临新的政权更替的现实，经典依旧是人们理解政治合法性的重要途径。康有为主张君主立宪，但他的制度思考则是以据乱、升平、太平的"三世说"来作为其历史观的基础。他之所以肯定君主立宪，这与他认为当时中国处于"升平世"的判断相关。就康有为的"太平世"理想而言，他也认为禅让制更能体现儒家天下为公的精神。

康有为将任期结束而退出政坛的美国第一任总统华盛顿看作是现代的尧舜，并开始用现代民主观念来理解国家权力的来源。比如，他在诠释《孟子·万章上》关于"尧以天下与舜"的问题时，赞成孟子所强调的"天子不能以天下与人"的观念，但他却在解释"尧荐舜于天，天受之，暴之于民，民受之"的观念时，直接转向民主政治的本质："民主不能以国授人，当听人之公举。"❶康有为说，将民心作为天意的呈现，并以公举的方式来确定统治权力，是孟子借助尧舜禅让之事所做的"托古改制"之表述，这样既可以防止子哙、子之这样的私下授受，也令后世的王莽、曹丕、司马炎、刘裕这样的借禅让之名而行篡夺之实的人无可借口。

---

❶ 康有为:《孟子微》,《康有为全集》第五集，中国人民大学出版社，2007年，第463页。

那么，如何对待那些无道的君主呢？康有为亦肯定汤武革命之精神，认为在天下为公之时代，民众之生活乃是政治之根本，岂可以容忍一个人"肆于民上"？在民权兴盛的时代，"不贤则放逐，乃公理也"。他说：

> 民者，天所生也。国者，民共立也。民各营其私业，必当有人代执其公事。如一公司之有千万分，不能不举一司理人以代理焉。君者，国民之代理人也。代理人以仁养民，以义护民，众人归心，乃谓之君。所谓天下归往，谓之王则可。常为司理，如有侵吞，已当斥逐，况于残虐为民贼乎？❶

从康有为的论述中，我们可以看到他的思想是新旧杂陈的：一方面呼吁民选首领；另一方面又不反对革命，认为不贤则要"放逐"，但总归不是从制度制约的方式入手，来制止侵吞民脂民膏的贪污行为，最终使政治人物和政治活动"去魅"，实现"群龙无首"的平等社会。

---

❶ 康有为：《孟子微》，《康有为全集》第五集，第465页。

禅让制虽一直是谋取统治权的统治者经常使用的借口，但由"禅让"而获得的政权终究与暴力推翻的政权有所不同。前者通常不将前朝视为敌国，从百姓的角度而言，至少可以减轻战乱所带来的苦难。即使是已经接受了现代政治观念洗礼过的清末民初，袁世凯以诈谋欺压宣统帝和隆裕太后，逼他们以逊位之名交出政权，其所用的理由也包括尧舜禅让的故事。革命派由武昌首义所引发的辛亥革命和清廷与袁世凯之间的"逊位"事件，使"中华民国"的建立的正当性有不同的理据。在孙中山看来，以革命的手段推翻清廷是民国成立的基础，所以，当袁世凯复辟时，孙中山发动二次革命，要推翻帝制，恢复共和。

世袭制度和人伦秩序

禅让制度作为一种公天下的政治理想，虽有史料记载，也被儒墨等不同的思想流派所肯定，但亦受到诸多质疑。

荀子在《正论》中针对关于尧舜"擅让"的几种可能性，都做了驳斥。首先，荀子认为天子是一种至高的位置，其本人德行和智慧纯备，这都决定了其获得这个位置不能是基于"让",而是自己所获得的天命和人民的拥戴而自然获得的地位。其次,对于"死而让之"的说法,荀子说,若是圣人死后无有圣人,那么其天子之位让给谁呢?若是有一个人与尧一样圣,那么,其继位实质上就是"以尧继尧",无所谓让。再次,对于"老而衰",力不足任事的说法,荀子反驳说,天子虽然责任重大,因有无数人协助他工作,故而他的身体却十分安逸,不会过于疲累。综上,他说:"夫曰尧舜擅让,是虚言也,是浅者之传,是陋者之说也。"(《荀子·正论》) 荀子从"天下"和"国家"的分别来讨论天子与世俗君王的差别,从天子势位的独特性否定了禅让制。

更为现实主义的韩非子,不但否定禅让是一种"历史事实",更是提出被儒墨所推崇的尧舜禹的禅让故事是塑造出来的,事实上则是一部政治迫害史。韩非子认为儒学笔下的那些典范人物,他们或结党,或强要把自己的意志加诸君主身上,最终导致秩序混乱。对于那些禅让的君子,韩非子认为都是不遵循礼制秩序的"弑君求利者"。他说:

> 舜逼尧,禹逼舜,汤放桀,武王伐纣。此四王者,人臣弑其君者也,而天下誉之。察四王之情,

贪得之意也;度其行,暴乱之兵也。然四王自广措也,而天下称大焉;自显名也,而天下称明焉。(《韩非子·说疑》)

在韩非子笔下,尧舜并非是自愿让位,而是在舜和禹胁迫下的权力篡夺。汤武革命,也是贪图权位的暴乱之行。只是他们善于自我吹嘘,将自己包装成圣明君子。舜逼尧和禹逼舜的故事,在《古本竹书纪年》也有所记录,说的是舜将尧囚禁于平阳,并不让尧的儿子与他见面。在取代尧之后,还把尧时期的一些重要的大臣杀掉,其中也包括大禹的父亲鲧。这引发了大禹的复仇心,从而在夏地抗击舜并击败之,将其流放到苍梧。禹之后的益,也想模仿尧舜的做法,不过,启积聚力量,打败益,最后形成了世袭制度。对此,艾兰分析说,《韩非子》和《古本竹书纪年》将王权的更迭归因于武力和暴力的使用,这种模式听上去比禅让要更真实,但实际并不一定如此。在艾兰看来,不同的学派立场对于古史传统的描述多受他们的立场影响,《古本竹书纪年》更像是持法家立场的人所写的一部史书,"它们本身并不比哲学文献中的传说模式更有确实根据"❶。

不过，从更长的历史时期来看，王朝更替主要是采用世袭制，特别是在周之后，宗法制基础上的政治模式确立了嫡长子继承的模式。孔子强调"吾从周"，儒家的基本政治立场就会倾向于论证王权世袭制的合理性。

禅让和世袭的分歧导致政治理念之间的紧张，"任何的世袭继承可以因统治者缺乏贤德而遭到挑战，但任何非世袭继承却也可以被当作对世袭权力的非法篡夺而遭到质疑"❷。这就造成价值上的贤能主义和实质上的世袭制度之间的博弈，这种博弈明显地呈现在后世儒家在道统和政统之间的紧张关系中。在典型的儒家论说中，孔子作为一个有德无位的圣人，占据着道统的高地；而现实的统治者，虽则自称君权天授，却无法完全掌握天意的解释权。所以，如何控制经典的解释权是汉以后儒生与统治阶层博弈的重要场域。

唐宋之后的儒家宣称道统至孟子而终绝，王道政治无一日得行于天下，这其实是要主张他们对世俗政

---

❶ 艾兰：《世袭与禅让——古代中国的王朝更替传说》，商务印书馆，2016年，第19页。
❷ 艾兰：《湮没的思想——出土竹简中的禅让传说与理想政制》，商务印书馆，2016年，第8页。

治合法性的解释权。但他们并非不能容忍世袭制的现实，最强调道统的宋明道学家，也是伦常秩序天理化的推动者，所以，理学并不能消解贤能政治和世袭制的内在矛盾，而是将两种倾向推向极致。他们一方面认可世袭制度，但另一方面则坚持对帝王的"规劝"的权力，尽管这两方面在势能上有很大的差异。

德衰和世袭

虽然，历代儒生不断有人怀疑《礼记·礼运》由"大同"转向"小康"的转化是受到墨子或道家的影响，尤其是《礼运》中对于礼乐秩序的"消极性"评价。不过，如果揆之先秦时期的典籍，我们可以看到对尧、舜及禹之后的政治秩序的"完美程度"的评价。比如，孔子就通过对《韶》和《武》的比较，说《韶》是尧舜时期的音乐，是"尽善尽美"，而《武》则有杀伐之气，虽"尽美"而不尽善。这实质上就对尧、舜和夏、商、周的政治秩序做出了评判。春秋战国时期的儒生会使用"道衰""德衰"等来勾画尧舜到禹的转折。

孟子明确否定禅让是权力转移的最理想模式，他不否认尧舜时代与以后的政治秩序之间的高低分别，

而将这个转变过程说成是"道衰"。他说:

> 尧、舜既没,圣人之道衰,暴君代作。坏宫室以为污池,民无所安息;弃田以为园囿,使民不得衣食。邪说暴行又作,园囿、污池、沛泽多而禽兽至。及纣之身,天下又大乱。周公相武王诛纣,伐奄三年讨其君,驱飞廉於海隅而戮之,灭国者五十,驱虎、豹、犀、象而远之,天下大悦。(《孟子·滕文公下》)

这段话中,孟子说尧舜之后存在着政局混乱时期,而后武王伐纣,秩序恢复,这里不涉及政权转移的程序问题,但说政治秩序的衰落和修复具有"周期"性。而"圣人之道衰"的判断实质上影响了人们对尧舜之后秩序粮莠的评价。

尧舜之后治理之道堕落的说法,几乎是先秦诸子的"共识"。《庄子·天地》篇中记载了一个大禹的故事:

> 尧治天下,伯成子高立为诸侯。尧授舜,舜授禹,伯成子高辞为诸侯而耕。禹往见之,则耕在野。禹趋就下风,立而问焉,曰:"昔尧治天下,吾子立为诸侯。尧授舜,舜授予,而吾子辞为诸侯

而耕，敢问其故何也？"子高曰："昔尧治天下，不赏而民劝，不罚而民畏；今子赏罚而民且不仁。德自此衰，刑自此立，后世之乱自此始矣！"

这个故事中尧舜禹禅让，但在舜让位于禹之后，伯成子高就辞官耕地去了，这让大禹很不解，前去探问。伯成子高说，尧舜治国能做到不用赏罚而百姓遵循秩序，他批评大禹说，你治理国家，赏罚频出，百姓没有仁爱之心，导致了"德自此衰"。

身处战国时代的思想家，一方面追慕天下为公的理想社会；另一方面，也从时势发展的角度，认为选择什么样的政治秩序要依据当下的社会实际。作为孔子思想最重要的阐发者的孟子和荀子都不认为禅让和世袭从选择方式而言有高低之别。无论是采用禅让制还是世袭制，领导者的优劣取决于他能否得到民众的支持。孟子甚至不承认他自己就曾经说过的尧舜之后"德衰"的说法。万章说听人言"至于禹而德衰，不传于贤，而传于子"，就求问孟子对这种说法的看法。孟子说：

否，不然也；天与贤，则与贤；天与子，则与子。昔者，舜荐禹于天，十有七年，舜崩，三年之丧毕，禹避舜之子于阳城，天下之民从之，若尧崩之后不从尧之子而从舜也。禹荐益于天，七年，禹崩，三年之丧毕，益避禹之子于箕山之阴。朝觐讼狱者不之益而之启，曰："吾君之子也。"讴歌者不讴歌益而讴歌启，曰："吾君之子也。"……孔子曰："唐虞禅，夏后殷周继，其义一也。"(《孟子·万章上》)

这里孟子所说的"否，不然也"包括双重的否定：其一是否定尧舜到禹存在一个"德衰"的政治堕落过程；其二是否认传子是比传贤"缺乏正当性"的政权转移方式。他还强调，若是从天下为公的立场来看，尧舜并没有将天下让与人的资格。

他还具体地讨论启取代益的过程，认为启继位，并不因为他是禹之子，而是因为"启贤，能敬承继禹之道"；反之，益之所以未能按计划即位，也不在于他的出身，而是因为"益之相禹也，历年少，施泽于民未久"，德政不够的缘故。由此可见，孟子并没有绝对地在禅让和继承之间做出"道德"判别，认为民心和天意才是确定谁是继承者的决定性因素。所以，尤锐认为，孟子思想是理想主义和现实主义的复合体。对于民心的重视让孟子强调暴力推翻暴虐政权的正当性，

但孟子也承认王朝世袭的合法性，并没有像万章那样期待用禅让来替代世袭。❶

随着由春秋向战国的客观形势的转变，即使是儒家内部，主张禅让的声音也日渐微弱。虽然尧舜依然是完美的存在，却更多地是对他们诸如大孝等道德品行和政治功绩的肯定。对于禅让制衰落的原因，有许多的推测，比如，李存山先生认为燕国所发生的子哙的禅让事件及其悲剧性后果是战国后期禅让思潮衰落的原因。而也有人则认为君主世袭制的逐渐成形可能是禅让销声匿迹的原因。而尤锐则认为是因为战国时期的人们除了引用尧舜故事之外，并不能有坚实的推理来说明禅让制优于世袭制的理由。❷

战国中后期的儒家代表人物荀子与孟子一样，也不认可禅让制度。荀子隆礼重法，看重制度对于社会稳定的重要性，而禅让制有许多不确定的因素存在，不如从底线思维来思考社会运行的合理性。他在《正论》篇中说："礼义之分尽矣，擅让恶用矣哉！"荀子认为用礼义来治国就足够了，不用期待禅让这样的理想性的方法。

---

❶ 参见尤锐：《展望永恒帝国：战国时代的中国政治思想》，上海古籍出版社，2018年，第96—97页。
❷ 参见尤锐：《展望永恒帝国：战国时代的中国政治思想》，第98页。

固然，荀子特别重视尚贤使能，让有能力的人去行使与其能力匹配的权力。他说：

> 王者之论：无德不贵，无能不官，无功不赏，无罪不罚，朝无幸位，民无幸生，尚贤使能而等位不遗，析愿禁悍而刑罚不过。百姓晓然皆知夫为善于家而取赏于朝也；为不善於幽而蒙刑于显也。（《荀子·王制》）

这样的讨论主要是针对行政系统的官员，并不涉及"天子"的问题。而且在荀子那里，"国家"和"天下"是两种类型的政治实体，统治者需要不同的能力值和道德标准。他认为，"天下"是"大具"，不能让道德低下的人去管理；而"国"则可以"小人有"，只要能维持其存在就可以了。

荀子肯定汤武革命，不同意将汤武视为"篡夺者"。在《正论》中他反驳了"桀、纣有天下，汤、武篡而夺之"的流行说法。荀子说可以承认桀纣拥有过天下的统治权，但并不能就此认定他们就是天下的所有者。"天下谓在桀、纣则不然"。桀纣的行为让亲人远离、百姓怨恨、贤能之士鄙夷，不再适合成为天下之主。他们身死国亡，是咎由自取。

在《荀子》的文本中，并没有出现"世袭"一词，荀子也没有像孟子那样试图去改变齐宣王、梁惠王这样的诸侯国君。荀子更愿意相信制度的合理性，由此，他主张"明分使群"，每个人都了解自己的职责，来让社会顺利运转。他主张君主可以占据崇高的位置，但实际的政治事务则应该委托给大儒、雅儒这样的贤能之士。《荀子·王制》中具体地区分了各个权力阶层的职能，提出圣王更接近于一个"哲人王"——是体察天地变化的人，以此来统一人们的观念：

> 全道德，致隆高，綦文理，一天下，振毫末，使天下莫不顺比从服，天王之事也。故政事乱，则冢宰之罪也；国家失俗，则辟公之过也；天下不一，诸侯俗反，则天王非其人也。(《荀子·王制》)

在《君道》篇中，荀子明确地规劝那些统治者，要把修正美俗之事"莫若求其人"，人们自觉遵循礼法，实现无为而治才是经营国家的最好办法。

综上所述，孟子和荀子并不是从公天下和家天下的角度来判断禅让和世袭的差异，他们并不推崇禅让，也没有明确地肯定世袭制，他们倾向于以现实主义的态度，通过民心的向背来看待政治权力的转移和传递问题。

现代学者在讨论围绕禅让和世袭的制度选择的时候，倾向于剥离附着于其上的道德色彩，而从制度形成和功效的角度去思考其背后的逻辑路径。比如，朱苏力认为，无论是兄终弟及、嫡长子继承制，还是禅让制，"都与政治道德和制度伦理上的善恶无关，而与政治权力继承所要实现的制度功能有关，与制度的有效性更多相关。种种政治继承制度都是从特定社会政治经济条件下挤压出来的制度尝试，也即制度试错，对不同历史条件下的政治体治理和稳定有不同的利弊"❶。因此，他认为嫡长子继承制更可能是有利于政治体有效治理和稳定的制度。这样的说法并不新颖，早在秦汉时期就已经有人证明嫡长子继承制更能保证社会的稳定。比如《吕氏春秋·慎势》说：

> 先王之法，立天子，不使诸侯疑焉；立诸侯，不使大夫疑焉；立嫡子，不使庶孽疑焉。疑则生争，争生乱。是故诸侯失位则天下乱，大夫无等则

---

❶ 朱苏力：《大国宪制：历史中国的制度构成》，北京大学出版社，2018年，第83页。

朝廷乱，妻妾不分则家室乱，嫡庶无别则宗室乱。

意思是说，稳定的社会期待是避免因争权夺利而产生的家族、国家乃至天下秩序产生不可调和冲突的观念基础。因此，若能通过确定嫡庶并由此确立嫡长子继承制，就可以最大限度地避免皇子之间的继位危机。

以血缘这样的先天因素来取代选贤机制的方式，王国维将之概括为"任天"和"任人"，即血缘世袭是"任天"，而非世袭则是"任人"。《殷周制度论》中说：

> 盖天下之大利莫如定，其大害莫如争。任天者定，任人者争；定之以天，争乃不生。故天子、诸侯之传世也，继统法之立子和立嫡也，后世用人之以资格也，皆任天而不参以人，所以求定而息争也。古人非不知"官天下"之名美于"家天下"，立贤之利过于立嫡，人才之用优于资格，而终不以此易彼者，盖惧夫名之可借而争之易生，其敝将不可胜穷，而民将无时或息也。❶

王国维说，古人之所以舍美名而求实效，是因为

---

❶ 王国维：《殷周制度论》《王国维全集》第8卷，第306页。

立嫡更能保证统治权力的平稳过渡。

对制度的"去道德化"分析或许能揭示制度形成的最原始的动因，却不能解释人们为什么要对特定秩序"心悦诚服"。道德是一种特殊的"效能"，从制度的运行逻辑来说，强制性的服从是最低级和最不稳定的，因为其服从的动力来自外来的压力，需要不断的监督和惩罚才能起效。基于道德感染力的吸引是制度效能和稳定性的重要保障，它是源于价值上的认同而产生的自觉的行为，其采用的方式主要是教化和示范，使习惯成自然。强制和自愿的分别是儒、法分歧的关键。儒家的礼乐文明更为倾向于激发人心中的善，通过亲情来认知，并推扩为一种社会性的共识。那么，儒家是如何来论证礼制秩序的优越性的呢？

世袭制：人伦和家国秩序

儒家所推崇的礼乐社会，遵循的是亲亲、尊尊的原则。亲亲指的是以血缘的远近来建构起个体和父母、兄弟、子女、夫妻之间的关系准则，并推扩到君臣、朋友、长幼之间。在人类社会早期，血缘凝聚力是最直接也是最稳定的。费孝通说：

> 血缘社会就是想用生物上的新陈代谢作用，生育，去维持社会结构的稳定。……血缘所决定的社会地位不容个人选择。……社会用这个无法竞争，又不易藏没、歪曲的事实来作为分配各人的职业、身份、财产的标准。……社会里很多可能引起的纠纷也随着不发生了。❶

中国传统的超稳定结构，直到清朝覆灭之前，亲亲的原则一直是中国社会结构的最基本支撑。

与亲亲相关的，是尊尊的原则。因血缘关系而产生的等级差别，催生了上下有等、尊卑有差的伦理准则，就家庭内部而言，父亲代表尊长，代表着个体对于家族权威的服从和家族利益的优先性。这样的原则推展到个体和国家的层面，则是臣民对君王的服从。

由个体而家，扩大到宗族、国家，儒家力图确立一种以血缘为基础的共同体，这就是宗法制度。按《礼记·礼运》的说法，夏商周政治体制的运行规则是"天下为家"的"大人世及以为礼"。父子之间的权力传递称之为"世"，兄弟之间的权力传递称之为"及"。

---

❶ 费孝通：《乡土中国 生育制度 乡土重建》，商务印书馆，2011年，第72—73页。

宗法制度是一个逐渐形成的过程,《韩诗外传》说:

> 五帝官天下,三王家天下,家以传子,官以传贤,故自唐虞以上经传无太子称号,夏殷之王虽则传嗣,其文略矣,至周始见文王世子之制。

这是说,夏朝和殷商虽然也有传子制度,但因记载不完整和没有确立严格的嫡庶之制,宗法制一直不甚严格。若以嫡长子继承制以及由此引出的大、小宗的区别作为标志的话,周公的制礼作乐标志着宗法制的完成。

就宗法制度而言,殷周之间的转变十分关键。经过罗振玉、王国维、陈梦家等众多史家的研究,对殷商的历史有了比较清晰的认识。一般认为,殷商的初期可以视为是"城邦联盟"的形态,商王虽自称受天命而为天下共主,但其与联盟成员的其他诸侯国之间的关系还不够稳定,因此,也就难以形成后世的君臣关系这一伦。晁福林先生说:

> 以商王朝为核心的方国部落联盟,并不需要触动氏族内部关系,只需要方国部落首领表示对于商王朝的服从,这些首领是否与商王同姓则没

有多大关系。❶

在这样复杂的政治环境下，商代前期的统治权力按王国维的说法是以兄终弟及为主，而以父死子继为辅助，但陈赟综合陈梦家等人的研究，认为这个看上去比较灵活的制度，呈现出"家天下"架构下的选贤进贤所达成的开放机制。❷是符合商前期的多王族共存的社会现实的。也有人认为，自九世祖丁开始，逐渐开始了嫡长子继承制，不过，即使到商王朝的末期，宗法制也并不完善。

周朝的国家形态发生了重大变化，宗周集团在试图控制东部的大量领土时，所采取的是以血缘为框架的分封制度，"于是，宗族的社会组织俨然被转变成了西周国家的政治组织。当这些宗族由于权力的代理而成为大幅扩张的政治网络的中心时，他们也成为国家和居住于邑的国民之间至关重要的枢纽"❸。但从周武王病笃之际劝说周公继位的事件可见，兄终弟及依然是

---

❶ 晁福林：《试论宗法制的几个问题》，载氏著：《夏商西周史丛考》，商务印书馆，2018年，第1033页。

❷ 对这个时期继承制度的概括和分析可参见陈赟：《周礼与"家天下"的王制》，中国人民大学出版社，2019年，第92页。

❸ 李峰：《西周的政体：中国早期的官僚制度和国家》，生活·读书·新知三联书店，2010年，第299页。

一个可以被接受的选项。是周公通过辅助成王的方式，在极端状况下依然维持嫡长子继承制的稳定，从而使宗法制得以确立。陈赟认为，周公对嫡长子继承制的坚守，让血缘共同体得以在亲属关系疏远的情境下，依然可以通过对大宗的形塑而确立起共同体的纽带，由此，"周代凭借宗法在当时社会历史条件下将宗族内部的团结达到了最大化。如果说宗法意义上的小宗或可通过自然血缘分支与演化而达到，那么大宗作为聚族的方式恰恰是伟大的立法者体制发明的结果"❶。

在周公这个伟大的创制中，呈现出两种最基本的伦理关系，即父子和兄弟关系。父子关系要求"孝"，兄弟关系要求"弟"。

周人建立宗族，确立嫡长子继承的宗法原则，就是要处理兄弟关系。所以，在古人看来宗法关系其实是一种"兄道"。曾亦说，与父子尊卑显而易见不同，兄弟之差相对模糊，争乱由此起。"因此，古人建设宗法制度，于众兄弟中立其嫡长子以统之，进而以此嫡长子为宗子以统族人。后世有弟道者，其根本在于此。"❷对于宗法制度到底是遵循亲亲的原则还是遵循尊

---

❶ 陈赟:《周礼与"家天下"的王制：以〈殷周制度论〉为中心》，第130页。
❷ 曾亦:《儒家伦理与中国社会》，上海三联书店，2018年，第68页。

尊的原则，学者的认识不同。争议之处主要在于君统和宗统之间的关系该如何认识。一部分学者认为，宗法就是要把天子和诸侯与士大夫加以分别，另一部分学者则认为宗统与君统是统一的，天子和诸侯亦需遵循宗法之原则。

到战国后期，宗法制度日渐毁坏，对周天子即使连形式上的"尊王"也不再需要，政治重心的下移，导致诸侯国也需要面对家族势力的侵蚀。而原先的宗族则出现了化宗为国的现象，宗族首领往往雇用家臣来处理公私事务，宗族成员的亲缘关系逐渐被宗主和雇佣者之间的臣属关系所取代。新获得的土地则设置"县"这样的新型治理模式，不再进行分封，而只是派驻管理人员。特别是在所占地区实行授田制，"授田制与辩护齐民相结合，让不少族人得以摆脱原宗族之控制，权臣宗子得以直接控制所辖地域内广大人群。在这种情况下，世族势力突破了血缘的限制，其结构、统御方式及性质已经与典型宗族，即与西周春秋时代以血缘关系为基础之宗族有了根本性的不同，化宗为国，成立新型集权制的国家。"❶

社会形态逐渐以数口人的核心家庭为主体，作为

---

❶ 杨坤：《两周宗法制度的演变》，上海古籍出版社，2021年，第380页。

宗法制的最主要标志的嫡长子继承制成为君主权力传递的主要法则，按钱穆先生的说法，嫡长子继承制使得家族里只有一个系统成为王统，而其余人作为贵族。但郡县制则是除皇帝一线系统之外，其他人已经在法律上没有特殊地位了。皇帝的世袭，可以免除纷争，于是政治上的实权，则交于宰相。也就是说，如果《礼运》中的选贤与能更多是着眼于最高统治者的话，那么在大一统的秦汉之后，贤能政治的对象实际上是指向了以宰相为代表的行政系统。❶

在这个社会的大变局中，儒家伦理建构也转而特别注重孝道，并以父子一伦来推演出君臣之间的一体性。

孔子虽然叹息礼坏乐崩，主张周制，但我们亦可以看到他讥世卿并反对地方卿大夫的"家"势力对封建"国"势力的瓦解。由此，孔子所主张的孝道伦理实质上是以父子一伦为核心的"新伦理"，诉诸从"天然"的人类"再生产"的过程建构道德的基础。孔子伦理观的核心范畴"仁"是建立在孝悌的基础上，《论语·学而》引述有子的话说："孝悌也者，其为仁之本欤"，个体对于家庭和社群的爱是从生养这样的生活实

---

❶ 钱穆：《中国文化史导论》，商务印书馆，1994年，第104—105页。

践中自然生发出来，而非宗族责任的要求。

孟子以良知天生和恻隐之心来回应孔子的这种道德转向，他说：

> 人之所不学而能者，其良能也。所不虑而知者，其良知也。孩提之童，无不知爱其亲者。及其长也，无不知敬其兄也。（《孟子·尽心上》）

《中庸》将人性看作是"天命"所赋予，造端于夫妇，通过区分"诚者"和"诚之者"来厘清道德情感和道德规范之间的主从关系。儒家强调缘情制礼，社会秩序是自然秩序的外化，社会道德规范也是从天然的情感中生发出来，这样由个体、家形塑出对国家和社群的责任感。所以《大学》说，"君子不出家而成教于国。孝者，所以事君也。弟者，所以事长也。慈者，所以使众也"。《孝经·广扬名章》说，"君子之事亲孝，故忠可移于君。事兄悌，故顺可以移于长。居家理，故治可移于官"，通过这样的理论建构建立起忠孝合一，家国一体的社会观念。在某种程度上，是把治国当作一个伦理尝试，从个人应如何生活，人应该如何生活在一起提升为国家应如何保证人们按伦理准则来行动。

汉代大一统儒教国家的建立，存在着一个儒家制度化和制度儒家化的双向互动过程，通过儒家典籍的经典化和法律的儒家化，儒家的伦理原则不仅仅是修身之指南，也是行为之准则，这个过程最具范例性的过程是儒家伦理的"纲常化"。

"三纲五常"，被张之洞视为"中国之所以为中国"的标志，在儒家典籍中最早出现在董仲舒的《春秋繁露》一书中。在该书的《基义》篇中，董仲舒说"王道之三纲，可求之于天"，延续了以天道发明人事的理论逻辑。对"三纲六纪"做出明确界定的，是《白虎通》：

> 三纲者，何谓也？谓君臣、父子、夫妇也。六纪者，谓诸父、兄弟、族人、诸舅、师长、朋友也。故《含文嘉》曰："君为臣纲，父为子纲，夫为妻纲。"又曰："敬诸父兄，六纪道行，诸舅有义，族人有序，昆弟有亲，师长有尊，朋友有旧。"
>
> 何谓纲纪？纲者，张也。纪者，理也。大者为纲，小者为纪，所以张理上下，整齐人道也。人皆怀五常之性，有亲爱之心，是以纲纪为化，若罗网之有纪纲而万目张也。（《白虎通·三纲六纪》）

虽然，若是从罗网之纲纪这个比喻来理解《白虎通》中的纲纪，三纲可以视为所有伦理关系的重点。而且《白虎通》在解释君臣、父子、夫妇的关系时，尽管主次关系明显，还是会强调对君、父、夫的道德要求，和臣、子、妇的自我意识和社会责任。纲常关系存在着明显的等级因素，但我们也不能否认其中的伦理纽带关系，这种关系不仅仅是让人与人之间以血缘或社会等级的方式加以联系，而是要让这种关系作为对各自的道德要求。

在皇权日趋膨胀的帝制社会中，帝王对于国家和社会的独占性、强制性倾向日趋明显，最终使三纲成为单方面的权利和义务的关系。由此，嫡长子继承制帝制权力结构成为天下为皇帝私有财产的制度保障，忠孝合一支撑下的家国同构则成为国家压制乃至"吞没"社会和个体的价值基础。

到现代中国，世袭制度已经成为历史的遗迹，个体权力已经成为建构社会共同体的终极基础，由此，如何反思世袭社会所必然导致的天下私有化的弊端，重回天下为公的大同理想，并使之转化为当下的制度精神，从分配和社会保障等多方面落实为政策措施，则是对文化传统进行创造和转化的重要方向。

平等和差序:一些理论性的延伸

世袭制以及维护权力的纲常伦理,是儒家在近代以来饱受批评的主要原因。西方启蒙运动以来所倡导的天赋人权的立场,使平等成为现代社会制度的基石,故而先赋性的地位和身份的差异,以及基于性别和种族的歧视和压迫,都违背了现代社会所必须遵循的人类的基本价值准则。然而,在现实生活中,如何理解平等,及如何实现人与人之间的平等又是十分艰难而复杂的。孟子说"物之不齐,物之情也",人虽生而平等,但也会因智力、健康、家庭社会环境等因素,而产生差异。即使在公平的竞争环境中,也会有一些人因为能力和运气等诸多原因而获得优势地位,并将这样的优势地位固定化,而另一些人可能没那么幸运。

有人说,自由和平等之间存在着张力,平等更像是一种"抗议性的理想"[1],促使人们去制定制度以矫正在自由竞争的过程中所产生的不平等的结果。即使这样的矫正产生了效果,这样的平等也是暂时的。平等不可能有一个饱和点,而是一个永远不可能满足的目

---

[1] 乔万·尼萨托利著,冯克利、阎克文译:《民主新论》下卷,上海人民出版社,2015年,第510页。

标。❶人们也经常以"起点的平等"和"结果的平等",还有诸如"按比例的平等"等角度来讨论平等问题。吊诡的是,这些平等的角度在实践中通常会自相矛盾,甚至"平等"也可能损害"自由"和"多样性"等在现代社会具有同样重要性的价值观。

在《礼记·礼运》中,"大同"和"小康"更为直接的对应是"公"与"私"。但若从字源上考察,"公"即"平分",也就是说,"公"指向了某种意义的"平等"。在大同世界,"天下为公"意味着财产共有、人人平等。然在礼制社会中,因角色和身份的差异而形成差序性的社会结构,在《礼运》中,这代表"家天下"的小康的特征。大同与小康之间的社会运行原理的差别,以至于在礼制时代,人们常常产生"大同"能否代表孔子思想的疑问。

近代中国,西学东渐,平等也是中西文化冲突的焦点。在张之洞与康有为、梁启超的争论中,民权和平等直接冲击纲常伦理。在晚清的法律改革中所发生的关于家族主义和国家主义的争论,所体现的就是血缘伦理和权力平等之间的紧张。而在这些争论中,儒

---

❶ 乔万·尼萨托利著,冯克利、阎克文译:《民主新论》下卷,第511页。

家伦理被等同于纲常礼教，儒家的大同平等思想则往往被忽略。在康有为这样的变法者眼里，大同却刚好成为与西方观念相接引的资源。

康有为创公羊三世之说，强调"据乱""升平""太平"之世政治原则的不同，他试图在礼制秩序中传播大同平等观念，由此他饱受政治攻击。早在《新学伪经考》等书印行之后，就有文悌等人给光绪上奏折，主张严惩康有为，其理由就是康有为主张伸民权、改制度，平君臣之尊卑，改男女之外内，让中国模仿西洋政教，是一种卖国渎圣的行为。与这种政治迫害相比，比较理论化的反驳，见于张之洞的《劝学篇》。在其中的《明纲》篇中，张之洞强调了平等学说和纲常秩序之间的不可兼容的对立。张之洞说：

> 五伦之要，百行之原，相传数千年更无异义，圣人所以为圣人，中国所以为中国，实在于此。故知君臣之纲，则民权之说不可行也；知父子之纲，则父子同罪、免丧废祀之说不可行也；知夫妇之纲，则男女平权之说不可行也。❶

---

❶ 张之洞：《劝学篇·明纲》，载苏舆：《翼教丛编》，上海书店出版社，2002年，第45页。

在甲午战争之后，严复介绍的西方思想影响了中国人的思维方式，其《辟韩》一文引起了张之洞注意。严复指出，自秦以来的中国君主都是窃国大盗，而统治者为了保住其窃取的成果，经常对百姓采取愚民政策，不让他们知道天下乃共有，百姓只知顺从，而不知自己的权利。据研究，严复激烈地批判韩愈，本意是为了投奔张之洞所做的"投名状"，但不想他所提倡的民主、平等的学说与张之洞大相径庭，尤其是此文被《时务报》转载之后，影响巨大。因此，张之洞命屠仁守作《辟〈辟韩〉》，大意是说，严复沉溺于西方的学说，冲击君臣之大义，认为是因为受挫于日本，而倾慕欧洲的富强，"直欲去人伦，无君子，下而等于民主之国，亦以误矣"。❶

毫无疑问，张之洞并非守旧之人，他是晚清主张并推动变革的重要人物。但他认为，改制不应动摇礼制秩序，否则中国就不成其为中国。这是他的一贯立场。在主持清末新政时，他主持的新学制中，就主张取消哲学科而立经学科，哲学所内涵的怀疑精神是对既有秩序的威胁，而经学对于坚定人们对儒家价值的

---

❶ 《屠梅君侍御致时务报馆辨〈辟韩〉书》，载苏舆：《翼教丛编》，第63页。

信心至关重要。

清末变革中，对平等和差等观念造成制度性影响的当数新法律的制定。当1905年预备立宪启动之时，围绕沈家本所编订新法律条文，张之洞及其学部亦围绕以平等为基础的法律秩序和传统礼教的保存问题与沈家本等人展开激烈的辩论。

1906年，针对沈家本等人编就的《刑事民事诉讼法》草案，张之洞的批评最为切中要害。张氏主要的理由有两项，即亲亲之义和男女之别。张之洞说，在中国人的观念里，如果祖父母、父母在，子孙别立户籍，就会被认为不孝。新法规定父子和兄弟要有明晰的财产权，会导致对血缘亲情的破坏。而且中国的夫妻同居共财，不可能像西方那样夫妻分财，"法可改而纲常不可改"。他反对诉讼时要求妇人、女子到堂作证，来启发男女平等观念的做法，认为中国礼教"其最著者为亲亲之义，男女之别，天经地义，万古不刊。乃阅本法所纂，父子必异财，兄弟必析产，夫妇必分资。甚至妇人女子，责令到堂作证。袭西俗财产之制，坏中国名教之防，启男女平等之风，悖圣贤修齐之教，纲伦法斁，隐患实深"❶。1906—1908年，沈家本等人

---

❶ 张之洞：《遵旨核议新编刑事民事诉讼法折》，沈国华、李贵连：《沈家本年谱初编》，北京大学出版社，1989年，第116—117页。

编制的《大清新刑律》，其间，对新刑律最为严厉的反击是由张之洞领导的学部做出的。学部的立论从礼为刑之本这个基本原则出发，切中新旧法律的根本差异。在《张之洞等奏为新定刑律草案多与中国礼教有妨谨分条声明折》的奏议中，强调了中西治理原则的差异：中国以伦常为本，西方以平等立教。所以，在中国无礼于君父的行为都要给予最重的罪罚；而西方父子可以同罪，对于中国礼制所看重的内容往往做一般案件处理。学部所指的妨碍礼教主要就是从君臣父子夫妇等纲常的核心部分来说的。结果是新刑律被发回修订。❶

中华民国建立，作为亚洲第一个共和国，其运行并不顺畅。袁世凯的复辟让陈独秀、胡适、鲁迅等人意识到，若没有平等、自由的价值观的支撑，共和政体终究是镜花水月。所以，新文化运动诸公以跟儒家伦理决裂的方式，呼吁来一次"最后的觉悟"。这种文化主张在民国初期污浊的政治氛围中有唤醒国人、启蒙民智的意义。但就学理而言，他们把儒家思想与平等、自由这样的启蒙价值对立起来，也造成了儒家传统与现代价值的不可并存的成见，这种将国家落后归

---

❶ 有关清末法律变革的研究可参看李欣荣：《自创良法：清季新刑律的编修与纷争》，社会科学文献出版社，2018年。

结到文化基因的方式是对民主的浪漫主义和文化怀疑主义的奇异结合。人们过多地考虑文化差异所导致的制度分别，而不能从文化传统中去寻求落实民主、倡导自由的可能途径，终究让启蒙运动成为理念的"空降"，难以找到现实的土壤。

20世纪30年代张申府等人倡导"新启蒙主义"，提倡"打倒孔家店，救出孔夫子"，就是要从批判和继承相结合的方式正确对待儒家思想的丰富性和复杂性，并以此来树立民族自信和催化文化自觉。

如前所述，《礼记·礼运》构建了一种平等理想和差序现实之间的时空关系模式，这对我们理解儒家的平等观念提供了一个内容丰富的范型。在大同的理想中，我们可以看到儒家对于平等的肯定。由大同"降等"为小康也提示了三代以下差序格局的必然性。那么我们该如何对待这种理想与现实的紧张，摆脱非此即彼的思维模式，寻求对儒家平等观念的准确认识呢？

差序和平等的复杂性

自从费孝通以"差序格局"来描述儒家的礼制秩序之后，礼制中的上下尊卑观念被视为对中国传统社会结构的一种不言自明的描述。若我们换一个角度，可能会有另一种认识。如梁漱溟先生所说，等级制度在中国虽然也存在，但这个等级并不固定，政治上的机会是开放的，土地也是可以自由买卖的，所以，中国社会并不存在西方那样的固定的等级制，而是一种基于职业区别而产生的分工不同的社会组织。❶ 近年来，安乐哲教授将中国伦理描述为"角色伦理"，认为儒家强调从不同的境遇来确定具体的伦理责任，而并非绝对的尊卑上下等级，这是想结合社群主义等因素来反思对儒家的"偏见"。他的学生陈素芬反对从专制政治的历史中来反推儒家的秩序观念，她说："理想的儒家共同体不应该被等同于历史上的中国社会，它不是等级差异秩序而是区别对待或分异秩序（differentiated order）。理想的儒家共同体并不否认排序是社会所需要的分异的一部分，也就是区分尊卑或者区分好坏或者权力不平等。"但是，他们否认的，是这种差异的整体性和永久性。如果一个人获得社会地位，不但是他自己，而且他的孩子都不可能一直拥有这种身份。"儒家共同体中分异秩序包含的平等与不平

---

❶ 梁漱溟：《中国文化要义》《梁漱溟全集》山东人民出版社，2005年，第155—156页。

等都是相对的不是绝对的。这种共同体根据每个个体达到与所分配的东西相关的伦理标准来分配尊重、权力、商品和服务等。"❶

儒家的秩序原则来源于天地自然的运行规则和人类血缘远近之规矩。由此，一方面，人为天所生，有同心同理之维；另一方面，基于生命生成过程，会产生长幼之序，并推演至尊卑的不同。所以，社会规则是在承认差异性的前提下去寻求和谐和正义，通过确立不同社会角色中的人的责任和义务来建构公平和正义。孟子说："人人亲其亲，长其长，而天下平。"（《孟子·离娄上》）这里的"平"其实就是"公平"而非消灭差异的"平"。

高瑞泉教授说中国古代观念中与平等接近的有"平""一"等，但更为接近的是"齐"。从词源上说齐是"禾麦吐穗上平"（《说文》），象征地势不平，禾麦的穗也会随着地势的高低而变化，看似不齐而实齐。比如，庄子的《齐物论》主张以道观物，则万物齐一，提倡既要看到事物的不同，也要"不齐而齐"，展现了

---

❶ 陈素芬：《儒家民主：杜威式重建》，中国人民大学出版社，2014年，第121页。

事物本身的复杂性。❶荀子对社会秩序的建构原理的解释就体现了儒家对差别性原则的理解。荀子说，人与人的差别源自于自然，而基于这种差别而确立的礼制秩序保证了社会的和谐。荀子说：

> 分均则不偏，势齐则不壹，众齐则不使。有天有地而上下有差，明王始立而处国有制。夫两贵之不能相事，两贱之不能相使，是天数也。势位齐而欲恶同，物不能澹则必争，争则必乱，乱则穷矣。先王恶其乱也，故制礼义以分之，使有贫富贵贱之等，足以相兼临者，是养天下之本也。《书》曰："维齐非齐。"此之谓也。(《荀子·王制》)

中国传统思想从尊重差异性的前提下去寻求和谐秩序的方式，这也体现在中国传统的法律精神中。最能代表儒家礼制秩序的唐律，却被认为是"出入得古今之平"。法律史家在解释时说，体现中国法律精神的"平"，与现代法律中法条面前一律平等的原则不同，

---

❶ 高瑞泉：《平等观念史论略》，上海人民出版社，2018年，第53—54页。

前者是基于儒家的礼制，按照不同的伦理关系来裁定所犯罪行的处罚原则，"法文化中的'平'的境界，可由平狱与和平来展现。平狱在于公平，和平系由分到和，包括定分止争与和而不同，循由恕道，而达到和谐的境界"❶。由此可见，中国古代社会，无论从价值观还是社会秩序上来看，他们对"平"的理解都是一种动态的平，虽与现代的平等观念不同，但也不能简单以"不平等"来概括之。

儒家"不平而平"的观念有其宇宙论的基础。首先，若从人为天所生的角度，人属于自然的产物。天地日月是"无私"的，并不会偏向某一个人。据此，人具有共同的道德禀赋和成为他所期待的人的可能（人人皆可以为尧舜），而不受任何种族甚至血缘因素的影响。由此可见，儒家承认起点意义的平等，即使是君子和小人，其在本然（人性禀赋）意义上是一样的，只是后天的修养的差异导致其或为君子，或为小人。孟子区分了"天爵"和"人爵"，他说：

---

❶ 高明士：《东亚传统法文化的理想境界——"平"》，载高明士：《中国中古礼律综论：法文化的定型》，商务印书馆，2017年，第101页。

> 有天爵者，有人爵者。仁义忠信，乐善不倦，此天爵也；公卿大夫，此人爵也。(《孟子·告子上》)

孟子试图解释本然的平等和现实差异的不同出发点，将后天的不平等的现状归咎于人与人之间努力程度的差异。

孟子认为，人对道德的追求也是"一致"的，他用最能为人们所理解的味觉和视觉等"感官性"的"相同"来说明其实人对道德感和正义感的"需要"也是相同的，只是一般人认此否彼，不太能相信道德意识亦是人之所以为人的共同特性，而将之"让渡"给了有社会地位的人。

对于道德禀赋上的"平等"和社会地位的"不平等"的紧张，儒家学者有时倾向于用命运等原因来解释。到宋明时期，理学家们开始从天命之性和气质之性的区分来解释禀赋相同的人为何在现实中会产生巨大的差异，而贤人是能将可能性现实化的人，如此，他们也获得了为人师、管理人的资格。比如朱子在《大学章句序》中说：

> 盖自天降生民，则既莫不与之以仁义礼智之

性矣。然其气质之禀或不能齐，是以不能皆有以知其性之所有而全之也。一有聪明睿智能尽其性者出于其间，则天必命之以为亿兆之君师，使之治而教之，已复其性。

意思是说，那些能尽其性之可能的人能获得管理之权责，而未能尽性者则只能听命于人。

其次，儒家的体系又十分重视由血缘所带来的身份差异，并将这种基于血缘的伦理秩序扩展到政治地位的逻辑中。这就意味着，儒家也承认起点的不平等，即每个人的权利和义务并非仅仅决定于抽象的作为"个体"的存在，而是与他所处的社会角色密切相关。在君臣、父子、夫妇这些关系模式中，不同的社会角色处于不对等的权力体系中。儒家也会从自然的多样性来为社会身份和角色的不同提供证据，比如比照自然界的天地的位置和阴阳的特性来证明君臣、父子和夫妇之间的尊卑的合理性。

亲亲和尊贤，这是儒家政治的两个基础。若从平等观念来看，尊贤主张机会平等，亲亲偏重血缘和先赋性的机会。在封建体制下，亲亲是要处理群体的凝聚力问题。通俗地说，亲亲是要建立统治集团的核心支持系统，而尊贤则是要吸纳有能力的人来维护统治的效能，解决因亲亲而带来的人才匮乏问题。这种复杂的平等观念充分关注到观念的起源和社会功能，但也会导致平等观念的自我消解。

讨论儒家的平等观，最大的难题是如何理解纲常伦理在儒家思想中的地位。这既是近代以来儒家饱受批评的原因，也是现今儒学研究界的分歧点之所在。❶我想要说的是，当我们在讨论纲常是儒家的本质特征的时候，还可以追问这样一个问题：纲常和差序格局是儒家的社会理想本身还是通过纲常秩序来达成社会和谐。纲常若是作为手段，纲常伦理的最终目标是社会和谐、安定族群，那么，纲常就不是"常道"，永恒有效的，可能只是历史的某个阶段能发挥作用，但也是可以被取代的。进一步说，纲常并不是儒家的徽记，在以平等为价值时期，儒家完全可以接受父子、君臣、夫妻的平等。

再次，近代以来中国的平等观，既强调起点平等，又主张结果平等；既主张政治平等，也追求经济平等。据此，血缘伦理的原则明显地违背起点意义上的平等，儒家被认为与现代观念对立，会阻碍中国转型为现代

---

❶ 参看方朝晖：《为"三纲"正名》，华东师范大学出版社，2014年。以及李存山等学者的相关争论文章。

国家。儒家血缘原则的法律化导致了法律的差别化对待，这也成为近代西方列强要求"治外法权"的依据。照此推断，要建立主权国家必须排斥以儒家价值为基础的制度建制。这就导致了制度化儒家的解体。

然在现实的政治实践中，不同的平等目标之间可能是不兼容的，甚至是互相矛盾的。若是主张人人平等的竞争机会，那么生理和智力上的差异会导致不平等的结果，而任何对这种结果不平等的纠正又会导向对机会平等的破坏。所以，现代政治学更关注的是如何建立"公正"的秩序，以确保程序正义，以稀释对"平等"的泛道德主义想象。

引入儒家的差异性的"平等"观念，不仅仅是一个理论问题，若从历史和制度的视野，中国传统的平等观念也有许多成功的制度设置。特别是在经济制度和教育制度方面，有许多值得总结的内容，本书仅就科举制度和财产分配制度做一个简略的介绍。

从平等的角度来看儒家的制度设置：以科举和经济制度为例

儒家主张选贤任能，这种观念体现在制度上就是不断改进的教育和选举制度。孟子在与齐宣王讨论如何进贤的时候，说到两个意思，首先是进贤是"将使卑蹦尊，疏蹦戚"，这就意味着，选择贤能之人为己所用，要超越血缘和尊卑的限制。基于此，选人过程就十分严肃，只是身边的人说贤，不可以。身边的官员推荐，也不能完全相信，要待国人皆肯定，再自己去加以验证，才任用。❶另外，礼书中有针对古代教育和选人制度的描述，虽然许多颇具"理想色彩"而难以落实。但培育和举荐贤人的价值一直受到推崇。

到汉代，郡县制的确立，这种新的政治体制需要新的人才选拔制度，比如，地方举荐和官府的选拔相结合，其中，尤以察举制最为完善。不过，任何制度都行久必生弊端，察举制也越来越难以保证"公正"和"客观"。魏晋时期出现了九品官人法，更为具体和严密。但在门阀势力的影响下，人物品评的权力为豪族所垄断，出现了"上品无寒门"这样的士族瓜分权力的后果。

隋唐时期的科举制度，是选贤制度走向程序正义的最重要的一步，随后通过糊名、誊录等一系列防止作弊的措施，使科举的公正性得到保证。

从察举到科举，这个以"选贤"为目标的制度经

---

❶ 语见《孟子·梁惠王下》。

历了一个"程序正义"不断完善的过程。自由报考且不受年龄的限制，这客观上使所有的国民都获得了社会上升流动的机会，避免了阶层的固化。在何炳棣先生针对明代进士身份获得者家庭背景的调查中，他发现"明代平均近四分之三的生员，清代超过一半的生员，来自先前连初阶科名都没有的寒微家庭。这意指广大生员群体，甚至比他们更少得多的进士群体，其社会成分是经常处于流动状态中"❶。虽然明清之后，八股文被认为是限制国人思维的罪魁，但从程序公平的角度，八股文作为一种"标准化考试"的手段，却可以更大程度地保证考试的公平。为了应对西方的挑战，晚清科举考试增加了时事策论的环节，内容多为如何理解西方的政治经济制度，而这种看上去十分必要的改革，客观上使考试的公平性受到破坏，对那些无法了解最新时势的闭塞的中西部考生而言，这种策论让他们"束手无策"。

儒家内部也经常可以听到对科举考试的批评，比如，认为知识性的考试难以对考生的品行进行必要的考察。但在考试环节增加"变量"的方式，会损害"单一性"方式所带来的客观性。因此，我们可以从考

---

❶ 何炳棣：《明清社会史论》，中华书局，2019年，第160页。

试钳制思想、促进专制权力稳定等方面去批评科举制度，但若以"平等"为指标，科举乃至八股文对考试形式的严格限定，却有效地保护了程序上的"公平"。

从经济制度而言，儒家也一直有一种平等的理想，最为著名的制度设计就是"井田制"。对井田制学界争论颇多，本文只从儒家之经济和财富分配理论层面展开分析。

在经济领域，早期儒家侧重于建立免受权力干扰市场环境和财富的公平分配。儒家承认社会成员之间的目标需求是纷繁复杂的，任何具体的经济政策都不可能满足所有人的需求，这就导致儒家更为关注"程序的合理性"而不是个人财富的增加。孔子告诉他的弟子，就治理社会而言，"不患寡而患不均"。作为统治者，不仅要从财富总量去考虑政策的合理性，孔子提倡富而教之的理念，但若处于社会财富不足的情况下，政府更应该关注是否有效维护了一个"公平"的秩序。

儒家并不主张统治者过多地去干预百姓的经济活动，认为任何的权力参与，都意味着对于百姓的可能机会的剥夺。政府要做的就是开放公共资源，孟子主张"关市讥而不征"（"讥"通"稽"），做维护市场秩序的人，而不征税，这样社会底层的人的生活就得到一定的保障。董仲舒说："有所积重，则有所空虚矣。"在社会总量相对固定的前提下，有人拥有更多的财富，另外的人群就会受穷。贫富不均，富人会骄奢，而穷人则被迫去偷盗。所以，需要制定公平的财富调节的政策，"以此为度而调均之，是以财不匮而上下相安，故易治也"（《春秋繁露·度制》）。董仲舒极其反对"兼利"，也是防止政府或有权力的人垄断所有行业。他主张，若选择当官，就不要兼营农业；种地的人，不要去打鱼，这样"使诸有大奉禄以皆不得兼小利，与民争利业，乃天理也"（《春秋繁露·度制》）。

中国历史上发生过几次有关经济政策的大辩论，比如西汉时期的盐铁争论、宋代王安石和司马光针对变法的争论。在盐铁争论中，贤良文学所反对的就是以桑弘羊为代表的政治势力通过盐铁专营等手段积累财富的方法。贤良文学认为政府应关注制度公平的问题。以《本议》为例，贤良文学强调政府所推出的盐铁、酒榷、均输都构成与民争利的结果，商业收益刺激人们放弃农业而去从事贸易谋利。他们从社会公平、民风淳厚的角度提出"导民以德，则民归厚；示民以利，则民俗薄"的政教原则。而御史大夫等人，则从促进边疆治理和社会繁荣为由，提出财富对于落实政府职能的重要性。贤良文学的态度典型地继承了孔孟的经济思想。

王安石和司马光的争论更为复杂，很难将他们的争议归入儒法之争，王安石亦有恢复三代之治的理想。公元1058年，王安石上仁宗皇帝书，借用孟子有仁心仁闻，应让百姓得利的思想，提出了"教之、养之、取之、任之"的思想，认为天下太平而国家财政缺乏就是没有充分理财的结果。在这篇进言中，王安石首次提出了自己的理财主张："因天下之力以生天下之财，取天下之财以供天下之费。"通过动员国民扩大生产、增加财富，来解决当时国家财政用度不足的问题。后来他主持熙宁变法，当宋神宗问王安石变革应以何者为重时，王安石提出的方案是注重理财。王安石所说的理财首先是要以农事为急，重点是抑制土地兼并和减轻农民负担。比如，"青苗法"其实就是给农户在青黄不接的时候，提供低息贷款，让他们免受富户的盘剥。综合起来王安石变法的初衷是一个具有平等主义色彩的民本方案。王安石变法遭到了以司马光为代表的一大批官员的批评，司马光曾经是王安石的好友，但他们对于贫富差异产生的原因认识不同。司马光从人的智能的差异来论证贫富差距的必然性，他在《乞罢条例司常平使者疏》中说：

> 夫民之所以有贫富者，由其材性愚智不同。富者智识差长，忧深思远，宁劳筋苦骨，恶衣菲食，终不肯取债于人，故其家常有赢余而不至于狼狈也。贫者啙窳偷生，不为远虑，一醉日富，无复赢余，急则取债于人，积不能偿，至于鬻妻卖子，冻馁填沟壑而不知自悔也。是以富者常借贷贫民以自饶，而贫者常假贷富民以自存。虽苦乐不均，然犹彼此相资，以保其生也。

司马光批评王安石的理财政策只是变相地掠夺百姓的财产，司马光认为不应改变制度来惊扰社会秩序。苏东坡也认为国家之存亡，跟道德有关，跟财富多少无关，以此来反对王安石注重理财的改革方案。由此，可见王安石和司马光等人的争论，主要是源于对待平等和差异的关系上的认识分歧。

王夫之对宋代的政治评价很低，看上去王夫之批评王安石而赞成司马光等人的主张，但我们也可以看到王夫之对王安石并非一味地否定。他肯定王安石改革的出发点是对百姓所具有的仁心，也肯定仁心要转化为具体的政策，而不能停留在口头上。他对元祐党人只顾发泄对王安石的私愤，却对国计民生少有作为提出了批评。王夫之的经济思想充满着辩证法。一方面，他坚持认为天下之土地应为天下人所有，皇帝可以统治天下之臣，却不应独占天下之地。他提出了"均天下"的主张，肯定自然的调节功能，人类社会也一样，他认为儒家所主张的平天下，其实就是均天下，把不平等的现象调整过来。

基于此，王夫之认为公天下并非是荒淫的统治者把普通百姓的财富来"充公"，将"限田""公田"这些措施变成聚敛天下财富的手段。他说：

> 限也者，均也；均也者，公也。天子无大公之德以立于人上，独灭裂小民而使之公，是仁义中正为帝王桎梏天下之具，而躬行藏恕为迂远之过计矣。❶

他还反对国家采取统一的强制手段来推行管理措施，他区分了"均"与"齐"的不同：

> 一乡之善政，不可以行之一邑；一邑之善政，不可以行之一州；一州之善政，不可以行之四海。约略其凡，无所大损于民，而天下固已大均

---

❶ 王夫之:《读通鉴论》,《船山全书》第10册，岳麓书社，第108页。

矣。均之者，非齐之也。设政以驱之齐，民固不齐矣。[1]

但另一方面，王夫之承认贫富差距是自然存在的，人的资质不同，自然会产生财富的多寡，要"均"，只能靠自然的调节，比如，家里出现一个聪慧之人来改变家庭的经济状况，这其实就将"均"的目标寄托于"命"或其他不确定的因素。王夫之的平等观兼顾了自然的基础和政策调节作用，对我们理解儒家平等观提供了理论和历史的维度。

从上述对科举制度和经济制度的分析，概括起来，儒家的平等观可以有如下可注意的方面：

第一，从天生人成的角度，儒家肯定在禀赋天性上的平等，并预设若尽己之性，人皆可为尧舜的天生人成的可能性。认为后天的不平等部分源自于缺乏对自己的禀赋的信心和成圣成贤的内在努力。

第二，从人为父母所生的角度，儒家肯定血缘层面的尊卑差别，并将之推演至君臣关系等社会政治领域。

第三，在郡县制时代，儒家虽然肯定君权的绝对

---

[1] 王夫之著，舒士彦点校：《宋论》，北京：中华书局，1964年，第219—220页。

性和君臣关系的不对等，但并不支持其他政治权力的世袭，科举制体现了机会平等，也是选贤与能观念的制度性呈现。

第四，在经济制度和财富观念上，儒家肯定财富平均分配的理想，但也接受由能力差异所带来的社会地位和经济地位的差别。

第五，儒家接受现实的不平等，但以公平和分享的大同理想作为对现实不平等秩序的批评资源和作为未来社会的追求目标。

第三章 大同、小康与现代中国

近代以来，西方的入侵让中国陷入了主权危机和文明危机，在中西文明的冲突中，中国传统的价值遭受冲击，并一步步使中国人产生价值危机和认同危机。在保国、保种和保教的压力下，进化论思想受到了特别的关注。若从对中国人的思维方式的影响而言，进化论的作用可能是根本性的，特别是优胜劣汰的说法，经由社会达尔文主义的途径，被视为是无可逃避的社会规律。

在19世纪90年代严复翻译《天演论》之前，零星的进化论思想已经通过来华的传教士的介绍传入中国，虽然神创论和物竞天择的思想是如此的针锋相对，但传教士们十分喜欢通过介绍科学和社会政治事件来达到吸引人们关注基督教的目的。

1894年的甲午战争失败，让国人意识到变革的必要性，在这样的大背景下，严复希望人们放弃仅靠坚船利炮就可以挽救颓势的幻想。他呼吁从文明发展的高度来理解中西差别。他决心要介绍英国的进化学说到中国。但是，他并不满足于仅仅介绍生物进化的规律，而是想把达尔文在《物种起源》中适者生存的原则来激发国人来理解社会和国家竞争的残酷性。据此，他选择翻译赫胥黎的《进化论和伦理学》，并将之定名为带有强烈的自然规律属性的《天演论》。

严复自称他翻译的《天演论》仅仅是消磨时间之作，但从他对原文的改动和增删来看，他是存有以此书来激发国人竞争意识的想法的。事实上，严复的进化立场可能更为复杂，他将达尔文、斯宾塞以及赫胥黎这三种各有侧重甚至互相对立的观点熔于一炉。通过将达尔文的生物学法则和斯宾塞的社会达尔文主义结合，严复声称人类社会也需要遵循优胜劣败和物竞天择的原则。但他又吸收了赫胥黎的观念，认为"人类社会又不同于自然物，人类能够通过'道德'和'人事'，使自己从盲目的自然统治中获得'独立的位置'。对严复来说，在人类社会中，'强者'决不只是最'有力者'，它还体现在'智'和'德'的水准上"❶。呼吁国人通过"民智""民德"和"民力"的提升，既能应对西方列强的挑战，又能用道德的力量来转化弱肉强食的自然秩序。

赫胥黎对社会达尔文主义有深刻的反思，认为善进恶也进，技术的进步并不必然将人类带向理想社会。这些观点可能影响到章太炎提出的"俱分进化论"。

对严复而言，在国势衰弱的时候，需要用进步和

---

❶ 王中江：《进化主义在中国的兴起：一个新的全能式世界观》（增补版），中国人民大学出版社，2010年，第67页。

发展的观念来激励国人追求富强和文明。所以，他认为事物或社会在竞争和选择中，必然会探索出一条最为合理的道路，就此而言，进化论也是后来的进步论和社会理想的渊薮。"历史进步论往往是与社会乌托邦联系在一起的，它不仅设定了历史的方向，而且设定了这一方向所要达到的目标图式。"❶的确，康有为和梁启超对于进化论表现出极大的兴趣，包括对严复的译介的关注，他们通过对公羊三世说和进化论的结合所提出的社会发展观，不仅为他们的戊戌变法理论提供依据，也为人类社会设计了"大同"社会理想。

在儒家的历史哲学中，"大同"至"小康"所呈现的是"道衰"的过程，但进化论的传入，冲击着儒家的历史退化论和一治一乱的历史循环论，人们由进化看到了重回"大同"世界的未来主义想象。

这样的倾向，在严复系统介绍进化思想之前已经被一部分较早接受西方思想的中国思想家所采用。比如，王韬和郑观应这些洋务时期的思想家，都开始相信"未来"作为一种"理想性"的存在，他们将世界各国日趋增加的交往而统合的趋势看作是迈向新"大

---

❶ 王中江：《进化主义在中国的兴起：一个新的全能式世界观》（增补版），中国人民大学出版社，2010年，第80页。

同"的路径。王韬说，欧洲的技术发明，让地球各国人之间的交流空前便利，于是"夫民既由分而合，则道亦将由异而同"。人们认知上的共识要通过技术的进步来达成，"泰西诸国今日所挟以凌侮我中国者，皆后世圣人有作，所取以混同万国之法物也。此其理，中庸之圣人早以烛照而券操之。其言曰：天下车同轨，书同文，行同伦。而即继之曰：天之所覆，地之所载，日月所照，霜露所坠，舟车所至，人力所通，凡有血气者莫不尊亲，此之谓大同。"❶ 他将人类的共识指向"尊亲"，意谓儒家之伦常将通过人类的沟通的增加而成为普遍的价值。但将"大同"置于未来世界，是接受进化论的后果。

将"大同"视为社会发展的高级阶段，但又将属于"小康"世的"尊亲"作为人类之共识，体现了中西交往的早期中国知识界弥合中西差异的努力。但到康有为、梁启超引领风骚的19世纪90年代，"大同"所具备的"天下为公"的精神逐渐被用来与新传入的无政府主义思潮和社会主义思潮相衔接，由此"平等"和"公有"构成了现代中国"大同"观念的主要倾向。

---

❶ 王韬：《原道》，载《弢园文录外编》，卷一，中州古籍出版社，1998年，第36页。

社会主义既是以平等为目标的经济社会理论，也是以人的自由而全面发展为目标的价值观。从经济社会理论层面来说，基于对资本主义的生产方式的批评，试图通过消除阶级之间的剥削和压迫来实现人的平等和自由。这是资本主义发展在西方社会发展到一定程度之后所产生的社会批判理论。中国近代的现代工业极其微弱，民族资本家和工人阶级群体的人数很少，国人对马克思社会批判精神的理解与接收更多体现在不平等国际格局的批评和对"平等"的世界秩序的追求。

作为将社会主义由空想发展为"科学"的思想家，马克思从唯物史观和社会发展的必然性角度，认为资本主义制度的发展产生了解决生产力和生产关系矛盾的力量，并最终建立起社会主义制度。而近代中国人在接受马克思主义的时候，更为侧重于平等观点的吸引力，而相信观念的变革对社会发展的推动力，并在这样的观念中将中国传统的大同观念与现代社会主义理想进行对接，这一方面让大同理想在近代中国焕发出新的理论魅力，另一方面也为中国人接受社会主义理想奠定了价值基础。

康有为的"大同""小康"论及其影响

在近代思想家中,从"大同"观念与公羊三世说结合来阐发儒家普遍主义观念者,非康有为、梁启超莫属。而康有为的《大同书》也可以视为是"大同"观念解释史上影响最大的著作,其对近现代中国人接受平等观念和社会主义思潮起到了十分重要的桥梁作用。

可能与接触晚清传教士的翻译作品有关,康有为、梁启超都读过一些社会主义的作品。后来流亡日本期间,梁启超接触到更多的社会主义的思想。

爱德华·贝拉米的小说《回顾》(*Looking Backward*)早在1891年就被李提摩太翻译成《回头看纪略》在中国传播,1894年以《百年一觉》之名出版了单行本。姚达克介绍说:

> 康有为在写作《人类公理》(《大同书》的前身)时,曾参考过该书。谭嗣同在其著《仁学》中提到:"若西书《百年一觉》者,殆仿佛《礼运》大同之象焉。"梁启超于1902年所著小说《新中国未来记》,在构思上和写作技巧上,都可

以看出《百年一觉》的影响。❶

后来李提摩太等人，又将英国人颉德的《社会进化》一书，以《大同学》之名翻译出版，书中提到在新的社会竞争的格局下，如何保护劳动民众利益的问题。并介绍了马克思、恩格斯和贝拉米的思想。"德国讲求养民学者，有名人焉。一曰马克思，一曰恩格斯。又有美国人伯拉米者，即著《百年一觉》奇书者也（广学会译其书）。"❷

社会主义思潮在世界范围的兴起，是基于对资本主义生产方式所导致的贫富差距和全球范围内的殖民运动的反思和批判。《大同学》书中介绍了马克思所主张的财富平等的观念，这些作品都直接影响到康有为和梁启超等人的思想和他们对未来社会的设想。

梁启超写于1904年《中国之社会主义》一文，就是要证明社会主义的思想在中国是渊源有自，他说王莽所提出的"分田劫假"和宋代苏洵对于土地兼并所导致的贫富差距扩大的批评，都与马克思对于资本主义的批评有精神上的一致性。他说："社会主义者，近

---

❶ 姚达克校注：李提摩太、蔡尔康合译，颉德著：《大同学》，南方日报出版社，2018年，第25页。
❷ 李提摩太、蔡尔康合译，颉德著：《大同学》，第56页。

百年来世界之特产物也。櫽栝其最要之义，不过曰土地归公，资本归公，专以劳力为百物价值之原泉。"他引述马克思的话说："现今之经济社会，实少数人掠夺多数人之土地而组成之者也。"❶

他还提到了马克思在1866年为第一国际成立所起草的章程，并说中国古代的井田制，就平均土地而言，与近世之社会主义是同一立场。

但梁启超反对通过"土地国有"来达到社会平等的做法。他批评《民报》的六大主义之"民生主义"说，是拾"布鲁东、仙士门、麦喀等架空理想之唾余，欲夺富人所有以均诸贫民"。梁启超还说，在欧洲这种贫富差异巨大的国家，社会主义常能煽动下层民众，但社会主义真正实现则要到数百年之后，今天若煽动此主义，则只能是给"军政府莫大之财源"而已。❷

20世纪初，梁启超与康有为的思想已经出现了很多的分歧，但对"大同"的未来属性认知还是一致的，都是将之作为一个需要很长时间发展才可能实现的社会理想。梁启超倾向于建立一个与王朝国家不同的"民族国家"，他将大同和天国这些博爱、世界主义

---

❶ 梁启超：《中国之社会主义》《梁启超全集》第二集，第169页。
❷ 梁启超：《开明专制论》，载《梁启超全集》第五卷，第335页。

的观念视为是"理想界"而非现实世界的内容。他在《论国家思想》一文中说，竞争才是文明进步的动力，而国家之间的竞争才是现代社会发展的促进因素，若将国家之界限破除，那么文明也就终结了。"况人之性非能终无竞争者也。然则大同之后，不转瞬而必复以他事起竞争与天国中，而彼时则已返回部民之竞争，而非复国民之竞争，是率天下人而复归于野蛮也。"❶梁启超将"竞争"视为新国民的基本道德。

康有为在流亡到日本之后，被清政府以叛乱罪追索，因此，只能继续流亡之路。与梁启超热衷于介绍西方和日本的思想不同的是，康有为却是在马来西亚和印度的流亡期间（1901—1902），开始注释《论语》《孟子》《中庸》和《礼运》，同时也撰写他的《大同书》，可以说，康有为这个时期的经典注释活动和他的《大同书》的写作之间构成了互相推助的关系。

三世说和小康大同：康有为《大同书》前史

按目前的文献线索，康有为的《大同书》应该有

---

❶ 梁启超《新民说·论国家思想》，《梁启超全集》第二集，第544页。

两个方向性的源头，一是以大约写于1885年或1887年的《人类实理公法》❶，康有为以"实测"来解释"实"，认为事物的合理性要通过客观标准检验而获得确认。在所有的标准中，以"几何公理"之法，即科学原理最具有确定性，它不会因为时间、地点的变化而变化。这些标准比"人立之法"更具有确定性。因此，康有为将"实"区分为"必然之实"和"两可之实"。

对于"公法"之"公"，康有为也指出了两种理解的维度。其一是几何公理之"公"，即无可挑战。其二是强调社会制度的公共性维度，认为制度既然为人所设立，与几何公理不同，然为人所设立，则要尽量符合大多数人的意见。即"公推"。

第二个方向性的源头是在他1890年与廖平在广州相见之后，确定了他公羊学的经学立场，此后，他指出古文经是刘歆为助王莽篡汉的"新学伪经"，孔子乃大地教主，为万世立法。在今天这个时代，就需要将

---

❶ 朱维铮先生认为该书可能是康有为在年谱上提到的《人类公理》《公理书》等基础上撰成，但因为书中引用了1891年法国的人口资料，其最终成书或不早于1891年。见朱维铮：《从〈实理公法全书〉到〈大同书〉》，载氏著：《求索真文明：晚清学术史论》，上海古籍出版社，1996年，第236页。

进化论与公羊三世结合。康有为说孔子根据不同历史阶段提出了不同的秩序设计，最高阶段是王者无外，远近大小若一的世界。在万木草堂期间，他在讲《礼运》的内容时，就说以仁为核心就会指向天下为公，而强调礼，则是天下为家的小康世。"孟子多言仁，少言礼，大同也。荀子多言礼，少言仁，小康也。"❶在1897年印行的《春秋董氏学》中，康有为就开始将"三世说"与《礼运》结合，将升平世、太平世和小康、大同结合。他说：

> 三世为孔子非常大义，托之《春秋》以明之。所传世为据乱，所闻世托升平，所见世托太平。乱世者，文教未名也。升平者，渐有文教，小康也。太平者，大同之世，远近大小若一，文教全备也。❷

---

❶ 康有为:《万木草堂口说·礼运》，第二集，中国人民大学出版社，2007年，第160页。
❷ 康有为:《春秋董氏学》，第二集，中国人民大学出版社，2007年，第324页。

当然这种进化论与大同小康说的结合❶，也会导致义理上的冲突。《礼运》之大同小康是一个文明衰退的进程，而结合公羊三世，大同世则在未来。由此，尧舜这个天下为公的"象征"在康有为口里有时会"人类学化"。如此，尧舜既是未来大同世的标志性人物，但也是早期部落的领袖，而非圣王。比如他会说："尧、舜，如今之滇、黔土司头人也。"❷ 也就是说，当引入现实历史的维度之后，尧舜的形象便复杂甚至模糊起来。

戊戌变法失败之后，康有为避居海外，并开展"庚子勤王"等运动，以期营救被软禁中的光绪，但均告失败。1901年之后，在马来西亚和印度等地，康有为开始撰写《春秋笔削微言大义考》和《中庸注》等书，逐步形成他比较系统的社会发展理论。

在《春秋笔削微言大义考》中，康有为说，若能按孔子的三世大义而行，那么到隋唐时期中国就应该进入升平世，发展至今则中国可以先进入太平之世。但因为刘歆之伪学盛行，人们固守据乱之法来治理天

---

❶ 汤志钧等人认为康有为了解进化论是通过梁启超，时间大约在1897年之后，而康有为确立公羊学的基本立场大约要在1890年。见汤志钧：《康有为的大同思想与〈大同书〉》，上海人民出版社，2016年，第34页。

❷ 康有为：《万木草堂口说》，《康有为全集》第二集，第142页。

下，而孔子之大同思想则无闻于国人。他之所以强调公羊三世说，是要据时代的变化，来重新定义孔子之"仁学"。他说：

> 孔子之道，其本在仁，其理在公，其法在平，其制在文，其体在各明名分，其用在与时进化。夫主乎太平，则人人有自主之权；主乎文明，则事事去野蛮之陋；主乎公，则人人有大同之乐；主乎仁，则物物有得所之安；主乎各明权限，则人人不相侵；主乎与时进化，则变通尽利。❶

在这段关于孔子之道的新论述中，康有为将公平、进化和权力概念引入仁爱精神中，这是从"大同"的精神来统领孔子之制度之维，并有意淡化儒家礼乐文明的色彩。他的这种观念在《中庸注》中也有所体现。他强调仁道的本原地位，认为大同之世，就是要以人"为政教之统"，他说：

> 孔子以天地为仁，故博爱，立三世之法，望大道之行。太平之世，则大小远近如一，山川草木，

---

❶ 康有为：《春秋笔削微言大义考》，《康有为全集》第六集，第3页。

> 昆虫鸟兽，莫不一统。大同之治，则天下为公，不独亲其亲，子其子，务以极仁为政教之统。❶

在康有为看来，大同世所要遵循的法则是"公理"，对人类具有普适性。他也提到了公羊"讥世卿"，认为权力的世袭是一种落后的"旧俗"，只有选贤使能才是孔子所立之公。"大同之法，尊贤使能，士无世官。世乃太古旧俗，非公理也。"❷ 大同世界肯定是排除了种族差异和种族歧视的。他认为《公羊传》里中国和夷狄的区分是德性意义上的，而非种族意义上的。那种执着于种族界线的观念，都是自隘其道的做法，"若不知此义，则华夏之限终莫能破，大同之治终末由至也。"❸

大同世界亦必然是经济平等和财富共享的。在解释《公羊传》中关于"初税亩"一条时，康有为特别讨论了社会公平的问题，并指出经济平等是社会平等的基础。虽然人与人之间在智力和其他能力上都存在差异，但人类可以通过制度设计来达到平均：

---

❶ 康有为：《中庸注》《康有为全集》第五集，第379页。
❷ 康有为：《春秋笔削微言大义考》《康有为全集》第六集，第176页。
❸ 同上，第179页。

> 盖生人皆同胞同与，只有均爱，本无厚薄，爱之之法，道在平均。虽天之生人，智愚强弱之殊，质类不齐，竞争自出，强胜弱败，物争而天自择之，安能得平？然不平者天造之，平均者圣人调之。故凡百制度礼义，皆以趋于平而后止。❶

由此可见，大同世固然是社会发展到一定程度之后的结果，但其运行规则是由人所设计制定的。

这个时期所著的《中庸注》也开始以进化论和大同、小康思想来解释中庸之义旨。在解释"故天之生物，必因其材而笃焉。故栽者培之，倾者覆之"时，康有为说"天之生人，一视无私"，但每个人却依然会有智力和种族的差异，唯有强健者才能生存和发展，"物竞天择，优胜劣败"。❷不过人可以通过政治和社会管理方法的调整，让人类摆脱自然竞争，因此，孔子发明仁道来立教。"孔子以天地为仁，故博爱，立三世之法，望大道之行。太平之世，则大小远近如一，山川草木，昆虫鸟兽，莫不一统。大同之治，则天下为公，不独亲其亲，子其子，务以极仁为政教之统。后

---

❶ 康有为：《春秋笔削微言大义考》，《康有为全集》第六集，第183页。

❷ 康有为：《中庸注》，《康有为全集》第五集，第376、377页。

世不述孔子本仁之制，以据乱之法、小康之治为至，泥而守之"❶,违背了孔子的原初想法。康有为通过将三世说和大同小康的组合，认为以差等之爱为逻辑的礼制秩序和以仁爱之博为基础的公天下是孔子社会发展论中的两个阶段的不同设计，不能固守差等之爱而不进于博爱之境。康有为的发展阶段论说的确是对儒家义理的一种革命性的发展，导致同时代的许多人指责康有为的大同论背离了孔子的思想。所以，康有为在解释"王天下有三重"的时候，强调对孔子的思想的理解要据时而变，孔子所说的"三重"就是"三世之统"。而当下的中国正处于升平之时，就应该强调"自主自立之义、公议立宪之事"，而待教化完备，则要向太平之制转换。❷

康有为的《论语注》是一部十分独特的著作，他从《论语》中称曾子为"子"等类似的例子提出《论语》主要由曾子一系学生所编成，致使《论语》主要集中在孝、礼这些家庭伦理的内容，而孔子的太平大同之学则被隐没。康有为认为宋儒虽有发扬儒家大道之志，但将四书超拔到五经之上，立于学官，用以作

---

❶ 康有为：《中庸注》，《康有为全集》第五集，第379页。
❷ 康有为：《中庸注》，《康有为全集》第五集，第387页。

为选拔天下士子的标准。这些做法让曾子之守约之学，成为天下之盛。❶ 康有为说他著《论语注》，主要是为了指出当下流行的《论语》内容的局限性，重新强调《易》《春秋》等六经中所有的阴阳、灵魂、太平、大同之说，以恢复孔子思想的全貌。

孔子志在《春秋》行在《孝经》，以孝悌为行仁之本，就是要立爱自亲始的本原，再爱民及物，通天人之际，才能发展出好生恶杀之社会秩序，"故发孝悌之道，以绝争乱之源，而为仁爱之本。积重既久，保合太和，然后大同之道乃可行也"❷。在解释《论语·学而》中"孝悌者也，其为仁之本"一句时，康有为首先说，孔子作为一个"大医手"，必然是因时施药。人作为天地和父母之生养，必然要从自己的亲人那里激发其"不忍"之心，再推恩于同类。事物发展的顺序总是从一家之小康发展至天下之太平大同，这是政教

---

❶ 康有为认为曾子小孔子四十六岁，颜回去世的时候，才十五岁，所以，孔子周游列国并不能参与，所得不深。但因为孔门弟子年岁最长当数曾子，又终身讲学，弟子众多，影响巨大。但这巨大影响反而造成儒家之不幸，导致人们以为孔子之教，仅仅是守身之学，"而孔子重仁之大道，一切皆割弃，甚至朱子见《礼运》之大同且疑之矣。"虽然后儒之轻狂言论不能都归咎于曾子，但康有为认为大同之学不彰，曾子也有一定的责任。见康有为：《论语注》，《康有为全集》第六集，第437页。

❷ 康有为：《论语注》，《康有为全集》第六集，第381页。

之循序而进的原则，若不明此，就不能理解孔子仁学的普遍意义。❶

康有为视仁为大同世的最高价值，而礼则是小康世的秩序。在晚清的社会环境下，他不可能否认"礼"的"必要性"，然他通常将"礼"置于小康世的发展阶段中，将之视为一种阶段性的价值和规范。在解释有子所说"礼之用，和为贵。先王之道斯为美"的时候，他讨论"礼""乐"的关系，认为若这个社会有"礼"无"乐"，那么社会成员就会疏离。若只有"乐"没有"礼"就会放纵，因此，要礼乐结合才能敦和无争，别宜无怨。"故礼、乐并制，而小康之世尚礼，大同之世尚乐。但人道以乐为归，圣人创制皆以乐人而已。惟生当据乱，不能不别，宜以去争。然制礼似严，实贵和乐；故无小无大，皆乐由之。"❷ 康有为将当时人所看重的人道纲纪，看作是孔子为据乱、升平之世所确立的秩序原理，他在解释孔子与齐景公问政所说的君君臣臣、父父子子一语时说：

> 人道纲纪，政事之本。据乱世以之定分，而各

---

❶ 康有为：《论语注》，《康有为全集》第六集，第385页。
❷ 康有为：《论语注》，《康有为全集》第六集，第380页。

得其所安，上有礼而下输总，老能慈而幼能孝，则可以为治。否则，君骄横而臣抗逆，父寡恩而子悻悻，则国乱而家散矣。《礼记》小康之义，以正君臣，以笃父子是也，二千年间可以为鉴。时齐家国皆乱，故夫子以此告之。若夫天下为公，选贤与能，人人不独亲其亲，不独子其子，此须待大同之世。❶

康有为这个时期的经典解释活动，不仅是将公羊三世和大同小康进行融合，也会对《论语》《孟子》等经典论述置于大同小康的语境中加以发挥。

《论语·为政》中有子张所问"十世可知也"的问题，孔子回答是三代礼制之损益，都是可知的，并认为后世继周是"百世可知"，此段论述，在公羊家经常将之作为三世变迁之依据。而通过上述经典注释的内容可见，康有为的三世论则较以前的公羊三世有非常大的变化。

首先是他将西方近代以来的人类历史发展的认识糅合到三世说中，并由此描述人类社会由"独人"向人伦社会最终返回"独人"的过程。他认为人类的进

---

❶ 康有为：《论语注》，《康有为全集》第六集，第476页。

化是有定制的。从最初的原始的"独人"社会，逐渐发展出夫妇、父子等社会关系，当进入大同世界之后，人们又可以从君臣、父子等关系中得到解放，恢复其自由的状态。

其次是提出了"多重三世说"。对多重三世说，他在注释《中庸》的"王天下有三重"的时候已经有所阐发，但在《论语注》中表述得更为充分。他说：由据乱而升平而太平是公羊三世之定则，以此为标准，孔子生当据乱之世，当下的中国已发展到升平之世，世易时移，中国当行升平之法，也就是康有为戊戌变法时期所主张的议会宪政之制。

经典的公羊三世说，主要就中国一国之情形而论。在万国竞逐的时代，还需关照地球之不同地区的发展状态。康有为认为世界各国处于不同的发展阶段，即使是同一国家内部亦发展参差不齐。在《论语注》中他进一步将三世说和西方的社会发展理论结合，指出人类社会是从"独人"到部落社会，再发展到君臣、立宪而共和。在制度精神上，是不断由文明取代野蛮的进化历程，从而将中国的历史置于"世界历史"之中。

> 然世有三重：有乱世中之升平、太平，有太平中之升平、据乱。故美国之进化，有红皮土蕃；

中国之文明，亦有苗、瑶、僮、黎。一世之中可分三世，三世可推为九世，九世可推为八十一世，八十一世可推为千万世，为无量世。太平大同之后，其进化尚多，其分等亦繁，岂止百世哉？❶

康有为认为，在这段话中蕴涵着孔子之微言，可以与春秋三世说及《礼运》的大同理想符合。

在20世纪初康有为所注释的经典中，《孟子微》并不是一部典型的经典注释作品，而是一部以主题来概括孟子思想的"政治哲学"著作。在序言中，康有为建立起孟子与公羊春秋的关联，他说，子游得到孔子的大同之道，传给了子思，子思又传至孟子。由此，孟子主张性善，建构不忍人之政，推心于亲亲、仁民、爱物，传播平世大同之道，是得孔子真意者。

康有为认为"道性善""称尧舜"二语为孟子七篇的宗旨。尧舜所行者是太平大同之道，他们选贤与能，行禅让而公天下。性善一说点明人人平等自立的基础，这是大同太平之世的人的特征。既然人人性善，即人人都可以为尧舜，都可以行大同太平之道。康有为将三世说和孟子书中的平世、乱世融合，以符合大同小

---

❶ 康有为：《论语注》，《康有为全集》第六集，第393页。

康之二阶段说法，认为孟子所提示的良知自觉，即是让我们要意识到独立、平等乃天之禀赋，不可自弃。

性善体现为不忍人之心，是为仁政之根。基于此，人摆脱了物欲之牵绊，无需礼制和刑罚来制约，人人平等自立，由此，太平之世才可以实现。"盖惟人人有此性，而后得同好人而恶暴，同好文明而恶野蛮，同好进化而恶退化。积之久，故可至太平之世、大同之道、建德之国也。"❶

而这也是儒家与道家、法家之差别所在。"老子以不仁为道，故意忍人之心行忍人之政。韩非传之，故以刑名法术督责钳制，而中国二千年受其酷毒。"❷康有为斥道家、法家之阴谋政治，肯定佛教之戒杀，只是佛陀倡之太早，唯有待到太平世，"乃普天同乐，众生同安，人怀慈惠，家止争杀，然后人人同之也"❸。

大同之世不再以国家为终极诉求，而是主张一种人类的共同价值，因此，大同之世也是对现代民族国家体系的反思。康有为区分了"国士"和"圣人"的不同，他说：

---

❶ 康有为：《孟子微》，《康有为全集》第五集，第427页。
❷ 同上，第415页。
❸ 同上，第415页。

国士之所谓，仅私其国，而圣人之所谓，乃为天下。当国界分明之时，众论如饮狂泉，群盲共室，但知私其国，不知天下为公。至国界既平时，即觉其私愚可笑。今欧美诸国并立，其论议行事，自私其国，而不求天下公益，与战国同，故有议孔孟之学为天下学，而无国家学者。夫圣人亦天下为一体，何为独亲一国，而必独私之哉？❶

在康有为看来，孔子和孟子的思想是有天下主义的倾向，而欧美诸国的学者所倡导的国家学说，常以损人肥己为尚，故需要大同观念来矫正。

与梁启超、孙中山等十分看重国民意识不同，康有为提出了"天民"的观念，既然"人人皆天生，故不曰国民而曰天民。人人既是天生，则直隶于天，人人皆独立而平等，人人皆同胞而相亲如兄弟。……人不知斯民同为天生之同胞，则疏之远之，视人之肥瘠困苦患难漠不忧心。如知其同出于天，为大同胞、大同气"❷。天下事皆己分内事，此为尧舜之道。既如此，中国人所崇敬的圣人并不一定就是中国人，"舜为太

---

❶ 康有为：《孟子微》，《康有为全集》第五集，第499页。
❷ 同上，第417页。

平世民主之圣，文王为拨乱世君主之圣，皆推不忍之性以为仁政，得人道之至以为人矩者。孔子祖述宪章，以为后世法程。其生自东西夷，不必其为中国也。其相去千余岁，不必同时也。虽迹不同，而与民同乐之意则同。孟子所称仁心仁政，皆法舜、文王，故此总称之。后世有华盛顿其人，虽生不必中国，而苟合符舜、文，固圣心之所许也"❶。在康有为看来，美国、法国的总统，都是因为民心所向，被举为万民之主，"今法、美、瑞士及南美各国皆行之，近于大同之世，天下为公，选贤与能也"❷。

在大同的世界里，国家是人民的"公产"，类似一个人人持股的股份公司，国君只是经理人而已，若是公司经营不善，就要追究经理人的责任，"此乃平世之公理也"。在据乱世的时期，人民的素质不高，还要有赖于国君的"保抱提持"，但大同世则是人民已经成熟，就不再需要了。❸ 在《孟子微》中，康有为已经开始提到英国人傅立叶的空想社会主义思想，"英人傅氏，言资生学者，亦有均民授田之议。傅氏欲千人分十里地以生殖，千人中士农工商之业通力合作，各食

---

❶ 康有为：《孟子微》，《康有为全集》第五集，第417页。
❷ 康有为：《孟子微》，《康有为全集》第五集，第421页。
❸ 康有为：《孟子微》，《康有为全集》第五集，第458页。

其禄。此则孔子分建之法，但小之耳，终不能外孔子之意矣"❶。这样的比附虽然不能摆脱西学东源的窠臼，不过康有为注意到孟子思想中有关经济平等、社会分工的思想，这也是近代以来中国各政治派别土地政策的最主流的立场。

在建构三世说的历史哲学时，康有为最重要的社会结构设计灵感来自于《礼记·礼运》中的大同、小康之论。康有为说他在阅读《礼运》时有一种"沛然决堤"的感觉。他说：

> 读至《礼运》，乃浩然而叹曰：孔子三世之变、大道之真，在是矣。大同小康之道，发之明而别之精，古今进化之故，神圣悯世之深，在是矣。❷

从某种意义上说，康有为对《礼运》的历史观进行了"颠倒"，他将原先作为历史"起点"的"大同"视为孔子为人类未来所设定的目标，而小康只是基于中国当时的发展水平而制定的"暂时性"的方案。他

---

❶ 康有为：《孟子微》，《康有为全集》第五集，第420页。
❷ 康有为：《礼运注》，《康有为全集》第五集，第553页。

认为三代以下的政治文明都是"小康"之道而已，中国人该走出小康，奔向大同：

> 凡中国二千年儒先所言，自荀卿、刘歆、朱子之说，所言不别其真伪、精粗、美恶，总总皆小康之道也。其故则以群经诸传所发明，皆三代之道，亦不离乎小康故也。夫孔子哀生民之艰，拯斯人之溺，深心厚望，私欲高怀，其注于大同也至矣。❶

康有为说，孔子生当乱世，只能默想太平之世，社会发展只能循序而进，《礼运》篇的大多数内容和其他的经典，"多为小康之论，而寡发大同之道"。时势要求人们走出小康，若不求进化，长期拘泥于小康秩序，就是背离历史潮流，也失去了孔子制法的真意。

康有为在《礼运注》中创造了一个与"礼运"对应的词"仁运"，认为礼运是阐发小康之道，拨乱之世以礼为治，所以可以用礼来概括。而大同之道，则是博爱之仁之流行。

在解释"大道之行"一段中，康有为尤其强调了

---

❶ 康有为：《孟子微》，《康有为全集》第五集，第553页。

平等和"天下为公"的思想。他从"惟天为生人之本"出发，认为每个人皆为"天所生"，而天为至公之存在，依天下为公的原则，就不应立国界来造就强弱之争，也不应该有家庭的存在，而让亲爱之情受到血缘的限制，还不应该有"身体"的观念，让"自我"拟制分享的意识。他解释"公"是"平等"的基础：

> 公者，人人如一之谓，无贵贱之分，无贫富之等，无人种之殊，无男女之异。分等殊异，此狭隘之小道也，平等公同，此广大之道也。……此大同之道，太平之世行之。惟人人皆公，人人皆平，故能与人大同也。❶

在解释大道既隐、天下为家一段文字的时候，康有为虽然肯定了制度必须因历史及社会环境的发展程度而确立，从而肯定了禹汤文武周公的治化之策，认为在乱世中，制礼定法，确定上下尊卑、分田制禄，这都好过横逆之世，若能由礼运而进之仁、让，亦是可以接受的。但这些制度从根本上是违背天下为公的原则的，若不能选贤与能，推行世袭或兄终弟及的权

---

❶ 康有为：《孟子微》，《康有为全集》第五集，第555页。

力机制，就把天下人之福祉寄托在一家一人之身，倘若子孙品性恶劣能力低下，百姓就会遭殃。如果说《新学伪经考》和《孔子改制考》是为戊戌变法做舆论和理念上铺垫的话，那么康有为对《论语》《孟子》等书的解释，是为了完善其三世说的历史哲学，将进化论和大同小康说结合，为中国社会提供全景式的发展逻辑和进化方向。不过，康有为也经常陷入自我矛盾之中。戊戌时期，他认为中国处于据乱向升平发展的阶段，应推行立宪政体和施行议会政治。变法失败之后，他依然坚持君主立宪的政治立场。但在他的论说中，却将传统中国政治视为小康之论，非孔子真意，改而主张大同理想。如此这般，他的立宪政治和大同理想之间是否能构成制度和价值之间的匹配呢？或许康有为将他所处的时代看作是小康到大同的过渡时期。从他开始思考大同问题之始，他就说此为未来社会构想，不愿公之于众。在1901年前后写定、增补《大同书》之后，他对于大同世界的认识，以及大同理想的实现等问题的认识，依然矛盾重重，他既希望以大同理想来激发、推动社会变革，但又认为大同是一个未来的社会蓝图，人类需要经过数百，乃至千年的努力方可实现。基于这种认识，他终身都不愿意发表《大同书》全文，以免人们据此而贸然将之现实化。

康有为的大同理想

通过对《论语》《中庸》《礼运》《孟子》等经典的注释，康有为将"大同"作为三世说中太平世的社会图景。他试图成为这个中西交融时代的新的世界理想的勾勒者，甚至自许为新圣。他说，孔子为万世制法，但迫于时势和当时的社会环境，他的弟子们所记录的都仅仅是据乱小康之道。而当下的中国则已经到了要向升平世发展的时代，必须进行以君主立宪为目标的改良。但改良并非是历史发展的最高阶段，在经历据乱、升平之后，人类必然会导向大同的世界。他所接受的是"天下为公"的大同理念，并试图通过他所了解的中西不同的社会理想的范型，塑造出他自己的社会理想，这就是他写作《大同书》的目的。

在康有为的思想体系中，《大同书》是一部特别的作品。此书写作时间很长，按照康有为的自传性作品《我史》的说法，他在光绪十年（1884）因为研读佛经和接触显微镜，体会到事物之间差别的相对性，从而开始以三世说来推测未来社会。光绪十一年（1885）二月，他头痛发作，医生束手，他数月不出门，从容待死，"乃手定大同之制，名曰《人类公理》，以为吾既闻道,既定大同,可以死矣"❶。即使在康有为的语气中,这样的表述也显得夸张,从中可以看出康有为对大同思想的重视程度。这本书可能也对学生有很大的刺激,梁启超曾经说,他看到这书时,犹如火山喷发,大地震动。这种夸张的文风是康梁师徒的共同具有的激情的体现。

《人类公理》或是《大同书》的雏形。但是,这些在康有为回忆中的《大同书》的早期渊源性作品,并没有人见到过,现在能看到的与《大同书》有关的文本是《实理公法全书》。❷

所谓实理,有两个方向,一谓科学可证实之理;二谓根据实际效果来判定之理。而公法也有二端:一谓几何公理,亦即科学之公理;二谓当几何公理无所出之法,人类所确立的符合最大多数人利益的公理。《实理公法全书》分为"总论人类门""夫妇门""父母子女门""师弟门""君臣门""长幼门""朋友门""礼仪门""刑罚门""教事门""治事门"等,主要为人类

---

❶ 康有为:《我史》,中国人民大学出版社,2011年,第17页。
❷ 朱维铮说:《实理公法全书》"没有只字提到孔子,也没有只字引用《礼记》或其他儒家经传",因此"堪称'非圣无法'"。《从〈实理公法全书〉到〈大同书〉》,载朱维铮:《求索真文明》,上海古籍出版社,1996年,第236—237页。

生活的一些基本内容：即个人、家庭、国家等。最可关注的是"人类门"，在这里，康有为将人定义为"各分天地原质以为人"，即是从人的自然属性方面来强调人的特质。并推演出人的基本权利：自主权、平等、互相制约和负有责任（互相逆制）、兴爱去恶、重赏信罚等。而把没有自主权、差等、不具备对等责任等视为不合理的制度。由此可见，康有为在《实理公法全书》中，把从启蒙以来所确立的人类价值判定为公法，而许多与传统儒家价值比较接近的，则属于未达到公理高度的"比例"，这实质上已将儒家价值和西方启蒙价值看作是不同发展阶段的观念系统。由此，康有为进一步推论，夫妻是平等的，一夫一妻是比较合理的制度。父母生育孩子是一种自然的过程，孝慈不必然是一种道德义务，君主不应该具有至高无上的权威，等等。很显然，这些原则与《大同书》构成了康有为思想的连续性链条。

梁启超在《清代学术概论》中说到，康有为写完《大同书》后秘不示人，亦不在教学过程中讲述大同原理，仅有梁启超、陈千秋等学生看过这部书，并始在康门弟子中宣传，于是万木草堂的弟子才开始谈论大同。但是，在万木草堂期间，康门弟子所阅读的是否是目前可见的《大同书》版本，其实大可怀疑，这是因为:于1913年之后连载的《大同书》中可见大量康有为在海外流亡期间的见闻记录,而康有为却曾标记说《大同书》撰写于1884年。于是,目前更多的人愿意相信《大同书》是一部逐步写成的著作,其基本定型大约是在1901—1902年之间避居印度期间。❶

康有为之所以不愿意将《大同书》示人,我概括其原因在于:康有为坚信,历史的发展自有其规律,在不同的阶段其政治法律制度和社会秩序各有其宜,不可跨越,如将作为未来社会形态的大同世过早公布则会造成混乱。既然如此,那康有为为何还是要将其著成文字呢?或许他要通过《大同书》来批评当时的人们对西方的盲目信仰,但还有一种可能的解释,即自许为当世"圣人"的康有为觉得有责任将关于现在和未来的社会目标传达出来,以作为人类发展的指向。

《大同书》的内容分为十部:甲、入世界,观众苦。乙、去国界,合大地。丙、去级界,平民族。丁、去种界,同人类。戊、去形界,保独立。己、去家界,为天民。庚、去产界,公生业。辛、去乱界,治太平。

---

❶ 汤志钧先生所著《康有为的大同思想与〈大同书〉》有专门一节论证《大同书》著于1901—1902年期间,并在随后不断完善。而且现在我们见到的依然是未完成版。前揭书,上海人民出版社,2016年,第55—62页。

壬、去类界，爱众生。癸、去苦界，至极乐。[1]

康有为认为天地万物和人类，都由宇宙间的元气所创生，都具有仁智吸摄之力，由此产生不忍之心。这种不忍之心导出"不逃人"的责任感，即对于家、国、天下之责任。"其进化耶则相与共进，退化耶则相与共退，其乐耶相与共其乐，其苦耶相与共其苦"[2]，是一种同甘共苦的共同体意识。试图为人类建立一种超越种族和国家的"共感"的世界，是康有为大同书的哲学基础，这种基础也可以称之为"大同救世"说。在康有为看来，人类之痛苦即是因为各种分野所致，无论是身、家、国，还是性别，因此，逮至大同之世，才能突破这些自我设置的局限性。康有为说："遍观世法，舍大同之道而欲救生人之苦，致其大乐，殆无由也。大同之道，至平也，至公也，至仁也，治之至也。"[3]

《大同书》对人道的厘定或与传统儒家的观点有所

---

[1] 《大同书》有稿本和刊本的不同，其中，对于走向大同之路的设想也有差别，但有一点是共同的，即康有为的大同构想，并非是一种乌托邦式的虚构，而是一种充分关注其现实性的实践方案。见宫志翀：《〈大同书〉稿本与刊本的结构差异探微》，载《中国哲学史》，2020年第5期。

[2] 康有为：《大同书》，《康有为全集》第七集，5页。

[3] 康有为：《大同书》，《康有为全集》第七集，5—7页。

不同，而是吸收了佛教的苦乐观。康有为认为，人类的生存方式，主要以是否适宜为准，若是适宜就会让人快乐，反之则令人痛苦。政治秩序所要谋求的就是去苦求乐。

> 立法创教，能令人有乐而无苦，善之善者也；能令人乐多苦少，善而未尽善者也；令人苦多乐少，不善者也。❶

他认为制度的进化就是不断创造适宜人类生活的规范。目前世界所通行的制度，所遵循的不是公平的原则，是以强凌弱的不平等秩序，这是社会发展特定阶段所不可避免的，但并非是合理和完美的。康有为举例说君为臣纲、夫为妻纲就会造成臣民和妻妇因被压制而受苦，在特定阶段这样的制度的存在有其历史的原因。不过，若以大同的目标来衡量，这样的制度就应该被改变。

康有为认为，人类痛苦归根到底在于人与人之间的不平等，只有建立起一个充分平等的制度，那么人类的苦难才可能得到纾解。

---

❶ 康有为：《大同书》，《康有为全集》第七集，第7页。

在去苦求乐的原则下,《大同书》之第一篇,主要是列举人生在世所要遭受的困难,比如投胎之苦、夭折之苦、废疾之苦、边地之苦、奴婢之苦,还有因为自然灾害,社会身份,情绪管控等,都会导致人类的痛苦。甚至神仙佛陀,这些常人所寄托的用来摆脱痛苦的手段,在康有为看来也是苦难,因为他们有"人之形而无人之情",到了大同之世,人人自立、快乐,也就无需宗教家为人类做出牺牲了。❶ 康有为列数了人类种种苦难,认为在乱世,无论贵贱都会遭遇各种困境和磨难,如此多的困境主要起因于不平等。

在众多的不平等中,阶级之间的不平等危害最烈。

> 天下之言治教者,不过欲求人道之极乐,而全人类之极乐,专在人类之太平。今既有阶级,又分无数之阶级焉,不平谓何?有一不平即有一不乐者,故阶级之制,最与平世之义相反者也,至相碍者也。万义之戾,无有阶级为害之甚者,阶级之制不尽涤荡而汛除之,是下级人之苦恼无穷,而人道终无由至极乐也。❷

---

❶ 康有为:《大同书》,《康有为全集》第七集,25 页。
❷ 康有为:《大同书》,《康有为全集》第七集,38 页。

在康有为人皆天所生、同为天之子的理念下，其大同世的理想，必然是一个平等的世界。在康有为看来，传统中国阶级制度最为薄弱，又有科举制度促进社会流动，但依旧存在着许多不平等的现象，若人类之不平等存在，那么所形成的阶级社会是人类进步之最大障碍。

近代中国面临保国、保种、保教的三重任务，《大同书》的第二部分，主要讨论种族之苦。他说，造成人与人不平等的因素就是把人分成不同的"族群"，主要有三种：一是贱族，也就是种族差异中的低等种性或低等人种；二是奴隶，失去基本人权的群体；三是妇女。随着人类进化，不同阶级将被消灭，人与人之间将会实现平等。但康有为更为关注的是人种之间的不平等如何解决的问题。康有为显然已经接受了19世纪中期西方人类学家的结论，认为白种人是高等种族，黄种人其次，黑色和其他色系的人种最为低端。康有为提出的消除人种的不平等的方式比较极端：除了迁地、杂婚之外，还有淘汰之法，即对于有疾病和状貌奇恶者通过药物使之"绝嗣"。很显然，在这里康有为的人种大同，不是通过承认不同人的平等权利而是通过人与人之间提升到同等程度的方式来实现，他说："经大同后，行化千年，全地人种，颜色同一，状貌同一,长短同一,灵明同一,是为人种大同"❶。这种接受了种族优劣论的"公理",甚至要把毒虫、猛兽等危害人类生存的动物,都进行消灭的大同之世,是一个极其可怕的世界。

康有为最有见地的平等观表现在对妇女地位的提升和男女平等的提倡上。康有为指出,世界上有阴阳、雌雄之别,本是自然之事,但却扬此抑彼,妇女在社会中的地位低下,失去了仕宦、被选举和自由行动的权利,难以自立生存。男女之间的不平等,扩展为将妻子看作是私人的附属物,由此,在礼制中,有许多对于妇女限制的内容,在《大同书》中,康有为对儒家的人伦多有批评,将之归入据乱之制。处于升平之际,必须要改变男女不平等的状况,并提倡自由的价值观。

> 近者自由之义,实为太平之基。然施之中国今日,未为尽宜。然以救女子乎,实为今日第一要药。……昔在据乱之时,以序人伦而成族制,故不得已忍心害理而抑之。今际升平之时,以进全

---

❶ 康有为:《大同书》,《康有为全集》第七集,第44页。

人类而成文明，故必当变之。❶

相比于人种提升和废除奴隶制，康有为觉得给妇女提供教育和公共活动的机会，让她们自由婚姻，更具备可行性。他甚至主张废除束缚人的婚姻制度，让男女之间以合约的方式结合。为了防止永久婚姻限制人们选择的自由，他提倡短婚，"久者不许过一年，短者必满半个月。"❷ 当然女性如果没有获得充分教育，或者需要依赖丈夫生活的，不必拘泥这个原则。

对儒家伦常冲击最为直接的是《大同书》对于家庭伦理情谊的解构。在《大同书》第三部分中，康有为所针对的就是家庭、宗族制度对人的自由的限制。康有为认为父母与孩子的情感是仁之本，是根于天性的，也是人与动物的区别。既然这些家庭人伦关系是出于自然之赋予，非人为设计，由爱亲人而扩展至家国天下，是人类群体生活的重要原则。在孝道和慈爱等方面，中国人的情感表达和秩序建构，相比于号称文明之地的欧美，更为完备，因为欧美人常为自己之自由而忘了父母养育之恩，缺乏孝道意识。不过，家

---

❶ 康有为：《大同书》，《康有为全集》第七集，第74页。
❷ 康有为：《大同书》，《康有为全集》第七集，第77页。

庭也是私有观念的根源，家庭成员之间因为贤愚不一，常生怨毒，这些也是人们迈向太平世的最大障碍。康有为在《大同书》中，罗列了"家"的害处达十四项，例如：

> 必私其妻子而不能天下为公故家者，据乱世人道相扶必需之具，而太平世最阻碍相隔之大害也。然则欲人性皆善，人格皆齐，人体得养，人格皆具，人体皆健，人质皆和平广大，风俗道化皆美，所谓太平也。然欲致其道，舍去家无由。故家者，据乱世、升平世必须之要，而太平世最妨碍之物也。以有家而欲至于太平，是泛绝流断港而欲至于通津也。……故欲至太平独立性善之美，惟有去国而已，去家而已。❶

---

❶ 康有为：《大同书》，《康有为全集》第七集，第91页。康有为对男女平等和家庭制度的理解与恩格斯对家庭的认识有相近之处。当被问到共产主义制度对家庭的影响时，恩格斯说："两性间的关系将称为仅仅和当事人有关而社会勿需干涉的私事。这一点之所以能实现，是由于废除私有制和社会负责教育儿童的结果，因此，由私有制所产生的现代婚姻的两种基础，即妻子依赖丈夫和孩子依赖父母，也会消灭。"恩格斯：《共产主义原理》，《马克思恩格斯全集》，第4卷，人民出版社，1958年，第371页。对此，康有为认为，如果男女平等，而儿童养育社会化，那么私有制度就会被消除。

康有为认为，人皆天所生，每个人都"直隶于天而独立"，但人又不忍舍弃父母夫妻之道，所以，需要有一个公共机构来替代家庭和国家的功能，以使他们能"无出家之忍而有去家之乐"❶。

去家之后，康有为接着讨论如何去国。在《大同书》第五部分中，康有为说，国家是由家、邦之积而成，一个大国的形成，都是吞小为大，经由无量的战争、残杀无量之人民而成。当时中国虽然面临万国竞逐的局面而不得已进入民族国家体系，但当时无论是革命派还是改良派，大多不认同国家的终极价值，而推崇超越国家的天下主义的价值观。康有为通过《大同书》的写作来批判国家至上的现代世界秩序对弱小国家的侵凌，他主张"弭兵而去国，天下为一"，设想成立一个各国之间平等的联盟体来作为过渡。

康有为对未来的"公政府"的政纲设想包括限制军备直至取消各国的军队。弱化各国的主权、禁止使用与"国"有关的文字和观念。统一划分地球的区域、统一文字、历法，最终达到风俗的统一。家国之界已去，地球上就以"度"作为分界，每个人属于不同的度。度并不是按地形来划分的，而是根据地球上的经

---

❶ 康有为:《大同书》,《康有为全集》第七集，第92页。

纬度，不同度的人可以迁徙。对这些具有高度道德的、生活在不同度的人的管理不再需要强制性的权力机构，在行政体系上应该推动"地方自治"的发展。

国家的存在还基于各国经济发展水平的差异，《大同书》的第六部分呈现了康有为在经济活动和分配制度等方面的构想。

康有为对正在引入中国的资本主义生产方式进行了激烈的批评。他认为机器化的大生产必将带来更为激烈的贫富分化，最终的结果是"富主如国君，其百执事如士大夫，其作工如小民，不知贫富之不均远若天渊，更虑昔者争土地，论贵贱之号为国者，改而争作厂、商场以论贫富为国焉，则旧国土之争方息，而新国土之争又出也"❶。他天才地预见到资本竞争将取代土地竞争，而人类将开始以金钱的多寡来决定其社会地位，而这些发展均是以牺牲普通人群的利益而达成的。在存在着禀赋性差异的人类社会，提倡自由竞争，则只宜于据乱世，并非是一种理想的社会秩序安排。所以，他认为要消除经济上的不平等，就必须去人之私产，以公有制来解决财富的聚集，由政府根据不同地方的生产资料状况来合理支配生产和消费。那么如

---

❶ 康有为：《大同书》，《康有为全集》第七集，第154页。

何来避免人的自私心对于政府公心的干扰呢？在康有为看来，既然太平世不再有家庭、国家，又辅之以教化，自然会以公共利益为生活目标。

康有为对于中国古代的井田制和傅立叶的"空想社会主义"都提出了批评，认为那些设想不具有可行性。他设计出一套涵盖农业、工业和商业的新体系。康有为的经济制度的核心是"公有制"和"计划经济"。

对于大同之世的农业，康有为认为首先要做的就是消灭私有财产，"举天下之田地皆为公有，人无得私有而私买卖之"❶。公政府设立农业部来负责制订计划，来安排种植、畜牧、渔业生产若干。这些工作人员虽然生活有保障，但却需要服从统一管理。

> 其耕耘、收获、牧养、渔取，皆有部勒程度。其每日工作皆有时限。世愈平乐，机器愈精，则作工之时刻愈少，然作工之时，坐作进退几如军令矣。❷

---

❶ 康有为：《大同书》，《康有为全集》第七集，第156—157页。
❷ 康有为：《大同书》，《康有为全集》第七集，第159页。

这些工作人员按照他们的劳动技能的不同，领取工钱。不过，也有对懒惰者的处罚，最重的就是被农场除名。但康有为并没有说明这些被除名者的去处。

工业也一样，所有的制造厂、铁路、轮船港口等都归公，不许有独人之私业。政府每年制订计划决定每一种物品的生产和销售。这样就不会产品过剩，产生"余货"，不会对环境和自然界的产出物造成破坏。随着机械化程度的提高，工人所需付出的劳动时间则不断减少。相比于农牧渔业工作人员，工人的待遇似乎要更高一些。"夫为工人独身计之，既无内顾、仰事、俯畜之忧，又无婚姻、祭祀、庐墓之计，人皆出自学校，不患无生事之才能，少时之工，不待惰逐而不忧无工之苦。为工而不待沾手涂足，少时工讫，即皆为游乐读书之日，工厂既可男女同居，又有园林书器足乐，游乐以养魄，读书以养魂。故太平世之工人，皆极乐天中之仙人也。"❶

大同之世的商业活动并不是通过交换而产生利润的经营活动，而是商部"核全地人口之数，贫富之差，岁月用物品几何，既令所宜之地农场、工厂如额为之，

---

❶ 康有为：《大同书》，《康有为全集》第七集，第161页。

乃分配于天下"❶。在没有私有财产的时代，即使是负有管理责任的人也不再会盗窃侵吞。综上，康有为说，要达到大同，当然最难在消灭国家，而去民私业，此事不算难，关键在"去家"。先去家，再去国，"若其农田、工厂、商货皆归之公，即可至大同之世矣。全世界之人既无家，则去国而至于大同易矣"❷。

至此，康有为的逻辑链条就完整了，他认为私有制起源于家庭，强固于国家，而家庭的形成则因为男女之间不平等，或者说，围绕家庭而形成的价值强化了男女之间的不平等，因此，人类要完全实现自己的权利，首先就要达成男女平等，并在男女平等的基础上改变迄今为止的社会秩序和价值原则，并最终达到大同极乐世界。"故全世界人欲去家界之累乎，在明男女平等、各有独立之权始矣，此天予人之权也。全世界乎，欲去私产之害乎，在明男女平等、各自独立始矣，此天予人之权也。全世界人欲去国界之争乎，在明男女平等、各自独立始矣，此天予人之权也。全世界人欲去种界之争乎，在明男女平等、各自独立始矣，此天予人之权也。全世界人欲致大同之世、太平之境乎，在明男女平等、各自独立始矣，此天予人之权也。

---

❶ 康有为：《大同书》，《康有为全集》第七集，第162页。
❷ 康有为：《大同书》，《康有为全集》第七集，第163页。

全世界人欲致极乐之世、长生之道乎，在明男女平等、各自独立始矣，此天予人之权也。全世界人欲炼魂养神、不生不灭、不增不减乎，在明男女平等、各自独立始矣，此天予人之权也。欲神气遨游、行出诸天、不穷、不尽、无量、无极乎，在明男女平等、各自独立始矣，此天予人之权也。"❶

在《大同书》第七中，康有为所描述的是大同太平世界的政治、经济、社会制度。在大同之世中，没有国家、种族分别和军事冲突，物质高度丰富，没有地位的差异，只有道德上的差异，只是对那些"仁智"之人有更多的鼓励。康有为更为注重大同之世在人与人完全平等的环境下，如何保持人的进化而防止退化。一旦因失去生存竞争，人类的智慧和道德日趋退化，大同世界就不可能持续，不久就会复归于乱世。由此可见，大同世界也并非是一劳永逸的。他认为大同社会要注重教育，鼓励已经成为"独人"的大同之民在"闲暇时间"进行各种创造发明。公政府所要鼓励的并非是造成人们之间不平等的爵位和职务，而是授予"仁人"和"智人"。在知识和技能上多有创获者获得"智人"，并发展为多智人和大智人、上智人，"其尤

---

❶ 康有为：《大同书》，《康有为全集》第七集，第163—164页。

卓绝者则为哲人，其卓绝而不可思议者则为圣人"❶。而"仁人"则主要授予那些从事社会服务的人士。

康有为说，在大同之世不再有邦国，无需军队；无君主，无人再图谋权利；无夫妇，则无奸淫、禁制等。如此等等，在社会高度发展的环境下，不再需要法律和刑罚，只需要"约法四章"：即禁懒惰、禁独尊、禁竞争、禁堕胎。

康有为的大同理想是建立在去苦求乐的人性假定基础上的，如此，在《大同书》卷八中，我们看到大同之世是一个没有痛苦的极乐世界，物质极大丰富、自然环境和起居生活极为方便，连两性之间如何交欢、病人如何离世都做了"极乐的设计"。大同之世最为发达的是医学，人的健康日进，可以轻松活到一两百岁到千数百岁。于此之时，人们最为热衷的是养生炼形之学。中国传统知识中，《易学》和神仙之学将大兴，"言君臣、夫妇之纲统，一入大同即灭"。"大同太平，则孔子之志也，至于是时，孔子三世之说已尽行，惟《易》言阴阳消息，可传而不显矣。盖病已除矣，无所用药，岸已登矣、筏亦当舍。故大同之世，惟神仙与佛学二者大行"❷。康有为说，仙学追求长生不死，是世

---

❶ 康有为：《大同书》，《康有为全集》第七集，第176页。
❷ 康有为：《大同书》，《康有为全集》第七集，第188页。

间学的极致。而佛学不离乎世而出乎世，已经逐渐出乎大同之外了。大同之世，人类的历史已经终结，遁入仙佛之学，并向天游之学转进。

《大同书》可以说是近代无政府主义和社会主义思潮的重要组成部分。近代空想社会主义和无政府主义思潮是西方资本主义体系自我批判思潮的一种，并最终发展为具有实践性的马克思主义的科学社会主义。中国近代的无政府主义思想的兴盛，固然是借鉴和吸收了这些发端于西方的社会思潮，但其理论基础并不相同。中国近代的无政府主义一方面是基于中国思想传统中的"天高皇帝远"的相对地方自治的传统，更多的是面对西方强势国家所产生的被动的抵抗。

不过，与章太炎所描述的彻底虚无的"五无论"（无政府、无聚落、无人类、无众生、无世界）不同的是，康有为设想的大同社会并不是"上帝之城"版的非现实的理想社会，也不是陶渊明的"桃花源"那种与现实世界脱离的理想社会，而是一种具有"高度现实性"和"实践操作性"的社会图景。康有为的三世历史哲学，其现实的诉求是为中国的维新变法提供合法性依据，从而将民主、人权等现代价值融合到中国历史传统中。而三世说所带有的未来导向和中国在近代民族国家体系中的处境，催生出康有为强烈的现实批判精神，由此导致了康有为思想的矛盾性。对儒学发展的推进和经学变革的结合，本身已经导致儒家经典体系的自我危机，而以未来为导向的现实批评，对传统的制度和价值否定过激，使康有为面目复杂。就儒家思想阵营内部来说，康有为到底是新儒学的推动者还是儒学的埋葬者呢？坚持儒家历史形态的人，难以接受由大同指向所带来的儒家的自我否定而重生的"虚无主义"，而更为彻底的理想主义者则认为并不需要三世说这样的"经学框架"来作为中国发展的路线图。

萧公权先生认为，康有为的思想具有二重结构，即民族主义和世界主义之间的二重结构，他说康有为既有报国之志，又有超越国家的世界主义理想。他肯定康有为思想的新儒学属性。的确，康有为的"二重性"正是儒家现代困境的一种体现。❶这种二重性或许是为了符合当时中国接受西方思潮所做的一种妥协，

---

❶ 萧公权：《近代中国与新世界：康有为变法与大同思想研究》，江苏人民出版社，1997年，第363页。对此，汪晖的分析更为充分。他说：康有为的大同逻辑即超越国家又对国家的当下存在提供依据，因此，大同不是一个简单的乌托邦设置，是"'超越现代性'的逻辑（它表现为大同的理想和世界管理的构想）与'现代性的逻辑'（以强国运动为目标的变法改制论）之间的冲突。既不是大同逻辑，也不是富强逻辑，而是超越民族—国家的大同逻辑与寻求富强的强国逻辑之间的持久纠缠、矛盾和分离，构成了康有为思想的内在基调。"见汪晖：《现代中国思想的兴起》，上卷，第二部，《帝国与国家》，生活·读书·新知三联书店，2004年，第747页。

也可能是康有为思想本身的不彻底所导致。在梁启超看来三世说是儒家价值和现代社会之间的勾连。

> 有为以《春秋》"三世"之义说《礼运》，谓"升平世"为"小康"，"太平世"为"大同"。《礼运》之言曰："大道之行也，天下为公，选贤与能，讲信修睦，故人不独亲其亲，不独子其子，使老有所归，壮有所用，幼有所长，鳏寡孤独废疾者皆有所养，男有分，女有归。货恶其弃于地也，不必藏于己；力恶其不出于身也，不必为己。……是谓大同。"此一段者，以今语释之，则民治主义存焉，（天下……与能）国际联合主义存焉，（讲信修睦）儿童公育主义存焉，（故人不……其子）老病保险主义存焉，（使老有……有所养）共产主义存焉，（货恶……藏诸己）劳作神圣主义存焉。（力恶……为己）有为谓此为孔子之理想社会制度，谓《春秋》所谓"太平世"者即此。❶

不过，问题恰好也在这里，三世说预示了儒学的

---

❶ 梁启超：《清代学术概论》，中国人民大学出版社，2004年。第201—202页。

自我消解的结局，当我们生活在一个国际联合主义、儿童公育主义、共产主义的社会里的时候，当家庭、国家都不再成为社会结构的核心的时候，儒家的价值体系和纲常秩序便不再有存在的空间，反而成为实现理想的最大障碍。后来中国的社会主义者肯定了康有为的大同理想，用唯物史观取代了康有为的三世说的历史观，抛弃了康有为对社会发展不能"跨越历史阶段"的态度。更为吊诡的是，虽然作为时代的先行者，但因为康有为是从儒学理路出发来融会西学的，陈独秀等人则通过批评康有为来批判儒家，这样新文化与儒家价值观就对立起来了。

无政府主义、民生主义对大同理想的再理解

经过清代近三百年的隔膜，西方社会已经进入到发达的资本主义社会，而停滞的帝国中的人对于世界的了解甚至还不及晚明徐光启时代。由此，当西方列强以坚船利炮打开中国的大门的时候，当时的中国人对西方世界极其陌生，无论是西方的技术还是制度，以及作为这些技术和制度基础的科学思维和现代价值，

都所知甚少。

资本主义依托于新的生产工具和生产方式，创造了前所未有的物质财富，并随着生产规模的扩大，生产组织逐渐溢出国界，而造就了全球性的原料提供—机器生产—流通消费的系统。这样的市场体制有一个根本性的矛盾：一方面，市场的确立需要建立跨国家的劳动力市场、稳定的货币交换机制和自由贸易体系；另一方面，市场所获得的利益的主体虽然是企业，而跨国企业也随着全球市场的建立而不断涌现，但在民族国家的国际格局下，国家依然是市场利益最重要的保障。如此，国家和市场之间就会形成紧张。自由市场所需要的稳定的国际环境需要由国家来维护，这也是殖民主义的内在逻辑，那些后发国家若不愿意参与"不平等"的市场就会被由强大资本所支持的国家所强制。

对于中国这样的处于自然资源和市场边缘地位的国家而言，参与当时的国际竞争存在着文明理念和现实需要的紧张。在资本主义体系下，参与世界竞争须完成由王朝国家向现代民族国家的形态转变，但是，中华文明的天下观念与以民族国家为主体的国际秩序存在价值上的差异性。因此，近代中国人在"理智"上接受国家观念，非如此无法完成"保国""保教"和

"保种"的现实使命;在"情感"上我们又不认同这种事实上不平等的秩序形态。无论是康有为、章太炎,还是刘师培、杨度这些最为敏锐的思想家,都陷入这样的"自我矛盾"之中,这也就是"无政府主义"在近代流行的内在原因。

杨度对由民族国家为主体所建构的不平等国际秩序有清晰的认识,他看到民族国家的政治运行必然会导致国内秩序与国际秩序之间的"不匹配"。换句话说,是西方列强为了维护国家的利益,不惜以自由贸易为名而凭借军事手段进行掠夺。他认识到要破除将西方国家视为"文明国家"的错觉。

> 自吾论之,则今日有文明国而无文明世界,今世各国对于内则皆文明,对于外则皆野蛮,对于内惟理是言,对于外惟力是视。故自其国而言之,则文明之国也;自世界而言之,则野蛮之世界也。[1]

杨度说,这些强权国家在国内以自由和平等为原

---

[1] 杨度:《金铁主义说》,载刘晴波编:《杨度集》(一),湖南人民出版社,2007年,第217页。

则，但对别的国家，则以武器和资本为后盾，实行侵略和掠夺。因此，国人对于新秩序的矛盾也是民族国家体系内在矛盾的体现。

在杨度看来，要抗衡这种秩序，就要实行"金铁主义"，以货币和武器为手段来将中国转型为现代国家。相比之下，章太炎和刘师培等人则更倾向于从社会批判的角度来提倡无政府主义。在发表于1907年的《亚洲现势论》中，刘师培强调今日之世界，是一个强权横行的世界，而亚洲则成为白种人强权横行的地区。因此，他说，亚洲人首先要争取的是国家的独立，然后逐渐过渡到社会主义阶段，最终"渐明大同主义"。刘师培所提倡的大同主义，是反对帝国主义和殖民主义的弱势国家的联合体。"中国之民虽恒抱民族国家二主义，然持世界主义者亦复不乏。则亚洲各弱种由国家主义进为大同之团结，亦必为期不远。"❶

刘师培区分了无政府主义的共产制度和马克思所提出的共产主义之间的差异。在他看来，世界上的无产劳动者团结起来，以阶级斗争为方式来推翻资本主义制度，这是两者的共同点。不过因为马克思主义主

---

❶ 申叔：《亚洲现势论》，载葛懋春、蒋俊、李兴芝编：《无政府主义思想资料选》(上)，北京大学出版社，1984年，第125页。

张财富国有再进行平均分配的策略，让"共产主义渐融于集产主义中，则以既认国家之组织，致财产支配不得不归之中心也"。如此，共产主义之最重要的价值便难以体现，这是马克思主义理论的弊端。❶

刘师培和何震经常从中国历史和文化传统中来证明无政府主义的合理性。在他们撰写的《论种族革命与无政府革命之得失》(《天义报》，1907年，第六卷、第七卷)一文中，他们说，人们常常将中国传统政治视为专制统治，但从价值根源上儒家和道家都主张"非干涉主义"。比如，儒家肯定以德化民，反对以政刑齐民，提倡无讼去刑。而道家直接废灭一切人治，一任天行之自然。即使是后代皇权日隆，但对于地方政治依然留有一定空间，采取的是"无责任"治理，这也导致在面对巨大的自然灾害和外力入侵之时，政府一般都无所作为。正因为传统如此，通过种族革命来建立强有力政府的理想很难实现，而无政府主义则反而有文化基础。刘师培、何震说，有人担心无政府会无法抵御外人之侵略，那么可以"暂设外交军事两机关"，"以为对外之准备。或近与亚洲诸弱国相联，

---

❶ 刘师培：《〈共产党宣言〉序》，载葛懋春、蒋俊、李兴芝编：《无政府主义思想资料选》(上)，第138页。

远与欧美无政府党相络,摧折白人之强权,以覆其政府,由无政府之制,更进而为无国家。则世界归于大同,人类归于平等,举昔日假设之国家,特权之政治,悉扫除廓清,其为人民之幸福,顾不大哉"❶!

作为革命派的理论代言人,在排满革命中立场极为清晰明快的章太炎,在如何建立现代国家和平等秩序等问题上则显示出他思想的深刻、复杂之处。革命的理论固然可以复杂,但现实的革命行动却需要简明扼要。在主持《民报》期间,他这种层次性很强的思想表达越发不能适应革命派的宣传需要,最终唯有离开《民报》。

1907年,章太炎与刘师培、张继等成立了社会主义讲习会,他在这个时期的思考中,开始质疑"国家"的价值。他提出了三个理由:第一,是国家并没有"自性",即其是有其他因素凑合而成,因此,其基本价值无法自我证明;第二,是国家设立的理由并非基于"必然之理",乃是出于人类的自我保护的意识,比如,国界的划定、法律的制定、军队的编列,这一切也可以成为压制民众的工具;第三,国家的功能是最

---

❶ 葛懋春、蒋俊、李兴芝编:《无政府主义思想资料选》(上),第89页。

卑贱的,不如听任民众自由的生活来得高尚。在章太炎看来,爱国是一种"迷妄"。不过,章太炎给了"爱国者"一个台阶,说"人心之所哀,大半非实有"[1],如此,爱国之义,并不会因为他说国家没有"自性"而被消解,也就是说,即使国家不具备最终价值,在国家存续期间,爱国之心还是值得肯定的。

在章太炎看来,无论采取何种政体,都难以摆脱国家对民众的压制。所以,他根据社会主义原则,提出了他的接近社会主义的社会平等策略:(1)"均配土地",使每个劳动者为自己而耕种。(2)国家设立工厂,反对私有企业对工人的盘剥。(3)限制相续,废除财富的继承制。(4)用制度来约束议员的行为,对于那些侵害公共利益的官员进行惩处。[2]但章太炎认为这些策略只是达到初步平等的办法而已,要做到真正的平等,消除差异,就必须做到"五无",即不要政府,不要任何形式的社会组织,甚至不能有人类,不能有众生,连世界也不能存在。一旦有任何物种和世界之存在,世界之不平等就必然如影随形般的无法消除。在他看来无政府主义是一种不彻底的主张。他说:"以

---

[1] 章太炎《国家论》,《章太炎全集·太炎文录初编》,上海人民出版社,2014年,第490页。

[2] 章太炎《五无论》,《章太炎全集·太炎文录初编》,第454页。

无政府主义中道自画，而不精勤以求其破碎净尽者，此亦乏于远见者也"❶。他所要破除人们心中的各种错误的观念，如"公理""进化""惟物""自然"，也就是说，这个世界并不存在普遍适用的"公理"，世界也并非是单线的进步，从某种意义上说，章太炎思想的遮诠式的表达事实上会构成革命观念和革命目标的自我消解。

在章太炎看来，无政府主义不够彻底，但这种观念在反思国家观念、批评现代不平等秩序等领域对处于弱势国际地位的中国，依然具有巨大的吸引力。而中国的无政府主义者，在阐发这种社会批评观念时，经常会借用的中国古典资源就是"大同"。

从中国当时的舆论环境看，大同理想常被无政府主义用来消解其他政治势力的社会目标。比如，当时的《新世纪》周刊，经常刊载与民族主义和民权主义的对话作品，其论战对象就是以孙中山为代表的革命派的革命理论。褚民谊说，"大同"理想要高于民权主义和民生主义。在"民族民权而主义外，尚有义广理全至公无私之社会主义也"。若民族主义仅仅是为了复仇和排满，那么就失去了博爱之原则。而从西方和日本的情况看，代表自由和平等的民权体制，其实只是

---

❶ 章太炎《五无论》，《章太炎全集·太炎文录初编》，第460页。

保护少数之富人之权宜。所以要追求社会主义，"社会主义者，无自私自利，专凭公道真理，以图社会之进化。无国界，无种界，无人我界，以冀大同；无贫富，无尊卑，无贵贱，以冀平等；无政府，无法律，无纲常，以冀自由。其求幸福也，全世界人类之幸福，而非限于一国一种族也"[1]。

从无政府主义的立场而言，既然革命是一个连续的过程，而建立在一国范围内的共和革命只能是革命的一个"过渡"而已，据此，无政府主义者不认为无政府主义会消解革命党推进共和革命的热情，在他们看来，若能将革命目标确定于大同之革命，更能激发人们的革命动力。民国成立之后，无政府主义者依然坚持"极端社会主义"也就是无政府主义，并用"大同社会"来描述这样的无国家、无家庭、无宗教的社会。比如，1912年太虚等人建立的社会党，其宗旨就是要消灭各种差别。在《社会党纲目说明书》中，指出首先要消灭阶级以及由阶级而产生的贫富之异、贵贱之别、智愚之差。还要破除国家、家庭和宗教信仰对人的束缚，最终达到"科学进步，真理大昌，人类

---

[1] 褚民谊：《伸论民族、民权、社会三主义之异同再答来书论〈新世纪〉发刊之趣意》，葛懋春、蒋俊、李兴芝编：《无政府主义思想资料选》（上），第176页

平等，地球大同之社会主义"❶。

在晚清社会，将对资本主义进行批判的共产主义理论与中国传统相"比附"，"共产制易行于中国"的说法很有市场，这既与中国反抗西方殖民分裂政策的现实需要相一致，也与中国近代知识分子追求更为合理的社会制度的愿望相符合。因此，当人们接触到社会主义和共产主义思想之后，立刻表现出巨大的兴趣。比如，1908年5月8日的《衡报》第二号就发表了《论共产制易行于中国》一文，从克鲁泡特金的《面包掠取》一书出发，认为共产主义已经成为社会之趋势，而对于中国而言，因为历史传统的原因，这种制度则很容易在中国实行。因为中国不仅有文献依据（大同），也有实践经验（井田等）。

该文的论证方式已经不是更早的"西学东源"模式，即将西方现代制度和观念说成是中国"古已有之"而流传到西方开枝散叶。而是从共产主义所提倡的"均力合作"等原则找到中国古代思想中的类似观念，从而强调两者的共通性。文中列举了《礼记·祭法》中"黄帝明民共财"的说法，并解释说，共财与

---

❶ 《社会党纲目说明书》，葛懋春、蒋俊、李兴芝编：《无政府主义思想资料选》（上），第251页。

井田是否为同一种制度，并不可考，但由此可见，太古存在着共财之制，并转化为夏商周三代的宗族共产制，他们根据《礼记·大传》中由敬宗收族推而至于庶民，则庶民安而财用足的说法，借助顾炎武在《日知录》中对之的解释来论证"乡里共产制"。顾炎武说，"夫惟收族法行，岁时有合食之风，吉凶有通财之义，而鳏寡孤独废疾有所养矣"，说明古代一族的财产往往为合族成员所共享。❶

除了乡里共产制之外，文章还认为中国古代的井田制也是均力共财的制度，文章引用《汉书·食货志》"井方一里，是为九夫，八家共之，力役生产可得平"，并发挥说，八家虽然各自接受私田百亩，"然同力合作，计亩均收，于均财中寓共财之义，此皆古代制度之近于共产者"，并以《礼记·礼运》作为这种共产制度的"确证"。❷

无政府主义与社会主义之间存在着亲缘关系，陈独秀等人接受社会主义的时候，是将无政府主义视为社会主义的一种形态，而马克思主义也是其中之一。

---

❶《论共产制易行于中国》，载葛懋春、蒋俊、李兴芝编：《无政府主义思想资料选》(上)，第139页。

❷《论共产制易行于中国》，载葛懋春、蒋俊、李兴芝编：《无政府主义思想资料选》(上)，第139页。

马克思主义作为一种现代性批判的理论，肯定作为市场原理的最重要的要素是个人权利。马克思对异化劳动的批评，所追求的就是保护个体权利和自由全面发展的可能性。不过，由于中国近代资本主义处于零星发展的阶段，民族资本的势力更是薄弱，所以，在中国近代的思想家那里，对资本主义分工所造成的不平等的批评往往偏向于从"人性"和"道德"层面加以批评。

孙中山思想中的社会主义因素也值得重视，作为孙中山三民主义思想重要组成部分的民生主义，是要摆脱以往资本主义批判中的道德主义倾向，将之转变为具有科学性和实践性的社会主义。他说："从前一般社会主义的人，多半是道德家，就是一般赞成的人，也是很有良心很有道德的。"[1] 这些主张社会主义的人，多半是乌托邦派，只希望造一个理想的安乐世界，至于如何实现这个理想，并没有确定的途径。而"马克思专从事实与历史的方面用工夫，原原本本把社会问题的经济变迁，阐发无遗"[2]。这是一条科学的道路。孙中山说，既然社会主义研究的是人民的生计问题，所

---

[1] 孙文：《三民主义》，三民书局，1965年，第182页。
[2] 孙文：《三民主义》，三民书局，1965年，第181页。

以，应该用民生主义来替代社会主义。

孙中山用民生主义来取代社会主义，还在于他并不同意物质决定论和阶级斗争学说。他认为解决生存问题才是社会发展的根本动力。孙中山说，马克思的《资本论》中的剩余价值理论的确是基于英国等工人和资本家的生产组织方式的调查分析后得出的结论，但20世纪之后，劳资关系等都发生了新的变化，民生问题已经变成了社会产生的最重要的问题，尤其是中国的实业发展还比较落后，民族资本力量弱小，采用没收财产充公的方法并不适合中国的现实，据此，孙中山提出了节制资本和平均地权作为落实民生主义的两种方法。

所谓平均地权，就是通过自我土地估价的办法上报给政府，而政府根据报价来收取税金或收购土地，这样既可以获得土地收益，也可以防止土地所有者故意抬高或降低地价。随着生产发展而产生的土地溢价归国家所有。节制资本不是要消灭资本，而是通过发展实业的方法来让全体国民享受经济增长的成果。这两项政策落实之后，国民就不再遭受财产分配不均的痛苦，可以安享经济增长的收益。在孙中山看来，这样的社会就是共产主义的社会，也是孔子所期待的大同世界。他说：

> 我们不能说共产主义与民生主义不同。我们三民主义的意思，就是民有民治民享；这个民有民治民享的意思，就是国家是人民所共有，政治是人民所共管，利益是人民所共享。照这样的说法，人民对于国家，不只是共产，甚么事都可以共的。人民对于国家要甚么事都是可以共，才是真正达到民生主义的目的，这就是孔子所希望的大同世界。❶

孙中山特别提出，要实现"公天下"是吸收了马克思主义的意思，但不是要采用阶级斗争的方式。和谐地共享社会财富的平等自由的世界是符合孔子大同的含义的。

相比于民族主义和民权主义，孙中山的民生主义部分的讲演并不完整，有两讲具体在讨论如何解决穿衣吃饭这些具体的问题，国民党内一部分理论家在试图补充民生主义理论的时候，大多倾向于将民生主义视为实现由小康社会向大同社会的进化的关键阶段，其阐述也多紧扣《礼记·礼运》的社会发展阶段论。

---

❶ 孙文：《三民主义》，第215—216页。

大同理想与社会主义的中国化

康有为的《大同书》承继中国传统的大同观念,又吸收了近代传入中国的社会主义和无政府主义思想,并贯穿着男女平等、摆脱社会枷锁的各种新的价值观念,成为近代中国人接受社会主义思想的重要基础。有人甚至认为,康有为的后半生几乎完全在致力于建设中国式社会主义的理想国。❶ 沟口雄三将中国近代视为"大同式近代",并认为这是一种与西方不同的近代化的模式,体现了中国近代社会发展的独特路径。

沟口雄三并认为,毛泽东领导的革命是起源于传统的大同思想,"毛泽东革命以农村无产阶级为基础,实行农村包围城市的革命战略,并因此而更有资格成

---

❶ 孙春在说:相比于独立、自由、民权等现代政治的要素,康有为更注重"平等"。"这一方面是由于19、20世纪之交的西方世界是以社会主义为主要思潮。公羊思想家本来是锐于接受新观念的,当他们出国目睹了西方资本主义的黯淡面之后,很快地就对社会主义这一当时尚在鼓吹的阶段的学说加以附和;另一方面,由传统方向来检讨,则不论是《论语》中的'均无贫、和无寡、安无倾',《孟子》中的'井田'制,乃至于《礼记》'礼运'勾划'大同'的一段,在在提供了诱因,促使思想家把传统与现代的平等观念相结合。由于内外的因素,使康有为的后半生几完全致力于建构中国式社会主义的理想国。"见孙春在:《清末的公羊思想》,台湾商务印书馆,1985年,第214页。

为大同式近代正统的继承人"❶。

沟口雄三的判断并非无所依凭。许多材料证明，毛泽东早期思想深受康有为、梁启超的影响，特别是对康有为的《大同书》情有独钟。在埃德加·斯诺的《毛泽东自传》中，毛泽东回顾他在湘乡的"东山高等小学堂"学习时，他的表兄"给我的关于康有为改革运动的两本书。一本是梁启超编的《新民丛报》。这两本书我读而又读，一直等到我能背诵。我崇拜康有为和梁启超，我很感激我的老表"❷。虽然我们无从知道他看的另外一册书是什么内容，但可见毛泽东这个时期对于康有为是十分推崇的。尤其是康有为对于西学的了解，让他十分钦佩。1915年6月，他在给一个朋友的信中说要效法康有为，四十岁之前学遍中国学问，四十岁之后，又吸收西方国家思想学问的精华。同年九月他在给朋友的信中，还说要离开长沙第一师范，隐居山林读书，实际也是想模仿康有为离开朱九江而在西樵山读书的经历。❸

---

❶ 同上，第19页。
❷ 斯诺等著、刘统等编:《早年毛泽东：传记史料与回忆》，生活·读书·新知三联书店，2011年，第10页。
❸ 陈晋:《毛泽东阅读史》，生活·读书·新知三联书店，2014年，第26页。

毛泽东在长沙读书的时候，读到更多的政治读物，特别是以孙中山为代表的民族主义的刊物。不过这个时期的毛泽东并不能分别康梁和孙中山在革命立场上的差别。所以，他当时还主张："应将孙中山由日本召回就任新政府的总统，并以康有为任总理，梁启超任外交部长！"❶

1914年，毛泽东入湖南第一师范读书，认识了杨昌济，并从杨昌济那里读到更多的书籍和报刊，他尤其喜欢《西洋伦理学史》课程。他还经常就社会和政治问题与杨昌济交流看法，坚定了改造社会的志向。

至少到1917年，毛泽东还是依然接受康有为的"大同"理想。1917年8月23日，他写信给黎锦熙说，他认为要从哲学和伦理学的改造入手，转变国人的观念。这个时候，毛泽东虽然已经读到《新青年》等新文化运动的杂志，但他的思想中还有许多儒家公羊三世的痕迹：

> 如世但有君子，则政治、法律、礼仪制度，及多余之农、工、商业，皆可废而不用。……彼时天下皆为圣贤，而无凡愚，可尽毁一切世间法，呼

---

❶ 斯诺等著、刘统等编：《早年毛泽东：传记史料与回忆》，第11页。

太和之气而吸清海之波。孔子知此义，故立太平世为鹄，而不废据乱、升平二世。大同者，立德、立功、立言以尽力于斯世者，吾人存慈悲之心以救小人也。❶

尽管当时康有为的《大同书》只发表甲、乙两部，并非全本，但从这封信中可以想见毛泽东已然读过《大同书》的部分内容。他也是将《春秋公羊传》的"三世"之说结合《礼运》"大同"说来谈，其改造社会的逻辑也十分一致。

是年秋天之后，杨昌济开设修身课，教材是《伦理学原理》，毛泽东在此书上做了大量的批注。在批注中，我们也可以看到康有为对于大同世依然存在竞争对他的影响。

> 吾知一入大同之境，亦必生出许多竞争抵抗之波澜来，而不能安处于大同之境矣。……吾尝梦想人智平等，人类皆为圣人，则一切法治均可

---

❶ 引自李锐：《毛泽东的早年与晚年》，贵州人民出版社，1992年，第26页。

弃去，今亦知其决无此境矣。❶

李锐在《毛泽东早年读书生活》一书中，对此也有所描述："《大同书》中对理想社会的政治、社会生活、工农业生产乃至家庭与婚姻，等等，都有十分具体的描写。"毛泽东对这些极感兴趣。从1919年12月《湖南教育月刊》上发表的他撰写的《学生之工作》一文中，可以明显看出所受于《大同书》的影响。文中说：

> 我数年来梦想新社会生活，而没有办法。七年（1918）春季，想邀数朋友在省城（长沙）对岸岳麓山设工读同志会，从事半耕半读，……今春回湘，再发生这种想象，乃有在岳麓山建设新村的计议，而先从办一实行社会说本位教育说的学校入手。此新村以新家庭新学校及旁的新社会连成一块为根本理想。❷

---

❶ 中共中央文献研究室编：《毛泽东年谱修订本》（1893—1949），上卷。中央文献出版社，2013年，第29页。
❷ 李锐：《毛泽东早年读书生活》，辽宁人民出版社，1992年，第65—66页。

儒家的大同思想起码让社会主义思潮为人们接受的初期有了亲和力。而中国的社会主义运动的真正开展，则来自于十月革命之后苏联的社会主义成功的刺激。1918年11月，李大钊在《新青年》杂志发表了《庶民的胜利》和《布尔什维克主义的胜利》，则是基于他对唯物史观的认知。他指出社会主义革命是世界历史的潮流。从该年十月开始，毛泽东在北京大学图书馆担任书记员，但他并没有与这些早期北京大学的马克思主义的主要传播者有深入的交流。他的一个比较密切的交谈者是当时还在北京大学求学的朱谦之。相比之下，朱谦之更倾向于无政府主义。朱谦之对无政府主义有比较深入的阐发，他的许多想法与毛泽东后来对中国革命的主张也有一些接近的地方。比如，在《革命哲学》一书中，朱谦之将他的革命对象设定为六个方面。

一是政治的革命。朱谦之认为政治是真情的障碍物，因为政治的实质是"命令""强制"和"威吓"，而作为政治的具体体现：（1）国家，无论是法制国家、立宪国家还是文化国家，都会限制个人的意志自由；（2）政府，是权力的代名词，各种横暴不仁、灭人个性、压制人的创造力，都说明政府是万恶之源；（3）法律，只是保护统治人的权力，而对于弱者，并不能真正的获得保护。所以，革命就是要把政治组织完全消灭。

二是经济方面的革命。朱谦之认为私有财产制度和雇佣制度是保持社会贫富不均之怪现状的。

三是宗教方面。宗教是以错误虚伪为基本，核心是让人接受现有的秩序，因此也需要根本推翻。

四是道德方面。道德也是虚伪的假面具，通过权威指示我们的行为准则。

五是家庭方面。朱谦之认为家庭非废除不可，因为家庭是妇女解放的障碍物。对于自由的爱而言，婚姻制度是最大的束缚，所以要打破。

六是风俗习惯方面。风俗和习惯，让人有保守性和不进步性。因为风俗和习惯依赖一种历史的惰性。这样的环境下，革命的思想不能发生，所以要革命，就是要打破麻木不仁的旧风俗、旧习惯。

这六条关键是对政治制度和经济制度进行根本的破坏，以获得自由的人类生活环境。❶

1927年，朱谦之还出版过《大同共产主义》，从情感出发，认为人类都是热爱和平的，财产公平，以个

---

❶ 《朱谦之文集》，第一卷，福建教育出版社，2002年，第303—305页。

人的才能来找到适合自己贡献社会的方式,孙中山的民生主义事实上就是"大同共产主义"❶。

1919年之后,毛泽东在长沙、北京、上海等地奔走,并逐步确立无产阶级信仰,在1921年的新民学会新年大会上,认为"急烈方法的共产主义,即所谓劳农主义,用阶级专政的方法,是可以预计效果的"❷。并与何叔衡一起,作为湖南的代表,参加了中国共产党的第一次全国代表大会。

毛泽东对于农村问题进行了调查和研究。1924年,毛泽东在回韶山养病期间,写成了《中国佃农生活举例》一文。1925年12月1日,毛泽东发表了《中国社会各阶级的分析》;1926年1月1日,毛泽东又发表《中国农民中各阶级的分析及其对于革命的态度》一文。在这些文章中,毛泽东对于中国农村社会的阶级构成和其革命性做出了他自己的分析,着重要解决:"谁是我们的敌人?谁是我们的朋友?"❸他指出:

---

❶ 《朱谦之文集》,第一卷,第567页。
❷ 中共中央文献研究室编:《毛泽东年谱(修订本)》(1893—1949),上卷,第76页。
❸ 毛泽东:《中国社会各阶级的分析》,载《毛泽东选集》第一卷,人民出版社,1991年,第3页。

> 我们组织农民，乃系组织自耕农，半自耕农，半益农，贫农，雇农及手工业工人五种农民于一个组织之下。对于地主阶级在原则上用争斗的方法，请他们在经济上政治上让步，在特别情形上，即是遇了如海丰广宁等处最反动最凶恶极端鱼肉人民的土豪劣绅时，则须完全打倒他。❶

对于游民无产阶级则劝他们帮忙农民协会一边，加入革命的大运动，以求失业问题的解决，切不可逼其转而投入敌人那一边，成为反革命的力量。

在国共两党合作期间，毛泽东长期是中国农民革命的领导者和推动者。1926年起，他担任广州农民运动讲习所所长，系统阐发他的农民革命理论。1927年3月，为了驳斥社会各界对农民运动的批评和不满，毛泽东撰写了《湖南农民运动考察报告》。他认为，农民主要的攻击目标是土豪劣绅、不法地主以及各种束缚人的宗法思想和制度，并强调了暴力革命的必要性，指出即使有一些"过分"的举动也是革命所必须，且主张建立农民武装来推翻地主武装，认为如果地主政

---

❶ 中共中央文献研究室编：《毛泽东年谱（修订本）》(1893—1949)，上卷，第148页。

权被推翻，那么族权、神权和夫权都会动摇，一个更加平等、富裕的秩序就可以建立起来❶。

到1935年之后，红军经过长征到达延安，毛泽东有了一段相对系统的学习时间。与众多知识分子的平等讨论，也让毛泽东的思想有了更为丰富的层次。毛泽东开始有比较系统的理论创造，并最终形成了将马克思主义与中国实际相结合的毛泽东思想。

具体到对历史发展的认知，毛泽东在延安时期建立起比较复杂的历史哲学，他对历史发展的认识由两种并不完全重合的分期说构成：一是正统马克思主义的社会发展五阶段理论。尽管这种五阶段理论对于中国社会而言存在许多复杂的问题，比如马克思的作品中所明确提出的亚细亚生产方式的问题，比如如何理解中国的资本主义问题。二是以和平作为标准划分历史时期，认为历史可以分为和平时期、和平破坏时期、永久和平时期。

> 两种分期形式的标准存在很大差异，同时使用这两种形势，必然产生调和历史分期的难度，

---

❶ 中共中央文献研究室编：《毛泽东年谱（修订本）》（1893—1949），上卷，第182页。

随后这种难度会变得更为明显。毛泽东自己并不认为这两种时间体系存在矛盾，而是仅把公认的"五阶段"的马克思主义分期添加到内含"三时代"的中国方案中罢了。❶

而奈特认为"三时代"的方案背后则是公羊三世说的儒家的历史发展观念。

其实，无论是"五阶段"还是"三时代"，用不同的分期法来解释中国自身的历史的时候，都不能令人满意，但是作为"五阶段"的历史目的地"共产主义社会"和三个时代的"永久和平"时代，在历史发展的方向上却有着一致性。

在对历史发展目标的描绘上，延安时期也确定了由新民主主义向社会主义过渡的路线。在共产主义的理想之下，毛泽东特别强调历史发展的阶段性。比如，他在《新民主主义论》中，就反复强调，中国只有进入到社会主义时代才是真正幸福的时代，但在反帝反封建的任务没有完成之前，不可能超越这个阶段而进入社会主义社会。中国革命必须要经过新民主主义革

---

❶ 尼克·奈特：《再思毛泽东：毛泽东思想的探索》，中国人民大学出版社，2014年，第110页。

命阶段，才能走向社会主义。❶1942年在谈到"人类之爱"的时候，毛泽东也认为"真正的人类之爱是会有，那是在全世界消灭了阶级之后。阶级使社会分化为许多对立体，阶级消灭后，那时就有了整个的人类之爱"❷。虽然我们在毛泽东的言辞里看不到大同之世的表述，但他通过对于不同历史阶段的划分，将阶级社会和消灭了阶级之后的理想社会之间在价值和秩序上的差异做了清晰的区分。类似的问题也体现在战争与和平的关系的讨论中。比如，1936年12月，他在《中国革命战争的战略问题》一文中，提到了人类社会将会到达一个"永久和平"的时代。"人类社会进步到消灭了阶级，消灭了国家，到了那时，什么战争也没有了，反革命战争没有了，革命战争也没有了，非正义战争没有了，正义战争也没有了，这就是人类的永久和平的时代。"❸

1938年，毛泽东在《论持久战》中，进一步强调中国人民的抗日战争是世界战争的一部分，这次战争

---

❶ 《毛泽东选集》第二卷，人民出版社，1991年，第683页。
❷ 毛泽东：《在延安文艺座谈会上的讲话》，《毛泽东选集》第三卷，第871页。
❸ 毛泽东：《中国革命战争的战略问题》，《毛泽东选集》，第一卷，第174页。

与第一次世界大战一样,是资本主义社会矛盾发展到一定阶段的结果,所以其结果必然是资本主义世界的崩溃,从而达到"永久和平"的时代。❶

1949年6月,中国革命胜利在望,毛泽东回顾中国共产党成立二十八年的历史,认为中国革命的实践证明了资产阶级的文明、资产阶级的民主主义、资产阶级共和国的方案,都不能解决中国的问题,与通过人民共和国来达到社会主义和共产主义,达到阶级的消灭和世界的大同,成为现实的可能性。"康有为写了《大同书》,他没有也不可能找到一条到达大同的路。"❷我们并不能说马克思所设想的共产主义社会与康有为所描绘的太平世的大同社会是一样的,但毛泽东却愿意使用"大同"来作为共产主义社会的代名词,而他的政治理想也的确是实现了社会平等,消灭了国家、阶级、充满了人类之爱的新世界。

1949年,新中国成立之后,许多人倾向于认为传统儒家以家庭为核心的价值系统与旨在实现平等的公有制社会之间存在着不可调和的矛盾,因此,儒家思想和资产阶级思想一样是属于"思想改造"的主要内

---

❶ 毛泽东:《论持久战》,《毛泽东选集》,第二卷,第475页。
❷ 毛泽东:《论人民民主专政》,《毛泽东选集》,第四卷,第1471页。

容。但是,"大同"理想对毛泽东的影响并没有随着时间的推移而减弱。1958年,他在成都的一次会议的讲话中说"家庭是在原始共产主义后期产生的,将来要消亡,有始有终。康有为在《大同书》中已认识到这一点"。也有人说,毛泽东的农村社会主义改造的主张中很多主张都能看到《大同书》的影响,甚至到徐水参观的人手里还会带一本《大同书》。❶

在马克思主义经典著作中,毛泽东对列宁的《国家与革命》阅读得比较持续和仔细。目前所能看到的确切记录的是毛泽东1946年在延安时期就开始阅读此书,尤其对其中暴力革命内容部分,画了许多杠杠。1958年,新版的《国家与革命》出版,毛泽东又仔细阅读,并对国家消亡、社会主义与共产主义差别,做了许多记录。他在1964年和1970年又读过几遍。❷《国家与革命》虽是列宁摘抄马克思、恩格斯关于国家问题的许多论断,但这本书中,对于社会主义向共产主义过渡、国家最后消亡的未来前景的讨论,都对他的未来社会构想产生了实质性的影响。

---

❶ 魏斐德:《历史与意志:毛泽东思想的哲学透视》,中国人民大学出版社,2005年,第95页。
❷ 陈晋:《毛泽东阅读史》,第147页。

大同观念与新儒家的社会理想

新文化运动以来,许多中国人是通过批评儒家来伸张平等和正义等价值的。这导致在新文化运动之后的新儒学思潮会通过比附西方政治观念来为儒家传统的正当性做辩护。他们肯定民主和科学的基本价值观,强调儒家传统与这些价值之间并不存在根本冲突。基于政治理念上的"曲通",港台地区新儒家将其思考重心置于道德理想主义之上,认为人心中的道德意识可以矫治西方启蒙以来由个人本位所产生的对于整体和社群利益的忽视。

在儒家的家族主义受到讨伐的时代,具有公共性的大同观念并没有被放弃。在民国时期主流观念的三民主义中,孙中山就极其看重民生主义与中国传统价值之间的一致性。他在讲演中,经常说社会主义与大同主义与民生主义是异名而同实[1]。

而试图赓续儒家传统的现代新儒家,在主张平等、批判不平等的秩序等问题上,看到了儒家思想与社会主义之间存在着某种程度的亲缘关系。比如,梁漱溟和熊十力均对中国的社会主义体制进行了正面的肯定,

---

[1] 孙中山:《三民主义》,中正书局,1965年,第176页。

并从公私关系的角度来阐述大同理想与社会主义的关系。

在论述儒家大同思想与社会主义之间的关系上,梁漱溟和熊十力之间存在差异。按梁漱溟自己的说法,他与熊十力之间的差异主要在于熊十力"总是自己站在儒家立场讲话,而我则宁愿先从旁面来观察它"❶。这种方法论上的差异,导致了他们立言态度的差异。梁漱溟批评熊十力简单地将现代所出现的"民主""阶级""共产主义"与古代的典籍的话语进行比附,所以成了"空想"。所以,跟康有为著的《大同书》"正同此一例","熊先生盛称《周官》(《周礼》):远瞩前世以造端,其大无遗,其细悉备,纲举目张,宏通可久。而其实在学术思想上并无多大价值"❷。梁漱溟认为熊十力堕入了纯粹幻想的境地,不及他自己所进行的乡村建设的社会实践来得实在和可行。

不过,思想方法上的差异,并不能掩盖梁漱溟和熊十力在中国文化尤其是儒家的精神将在未来世界大行这一点上的共同信念。其实,在《东西文化及其哲学》和《乡村建设理论》时期梁漱溟就一直在寻找一

---

❶ 梁漱溟:《勉仁斋读书录》,《梁漱溟全集》第七卷,第755页。
❷ 梁漱溟:《勉仁斋读书录》,《梁漱溟全集》第七卷,第755页。

条不同于西方的社会发展道路,他随后的《中国文化要义》和《人心与人生》等书,就是要在理论上证明中国文化的独特性以及所具备价值上的特殊性和优越性。这种信心在《中国:理性之国》一书中得到集中的体现。他说:"我预见到中国人不存狭隘国家主义,夙有'天下为公'的襟怀,在不远的未来世界上,必将得到显扬。"❶ 在梁漱溟的逻辑中,国家至上的观念在万国竞争的阶段比较有利,但这并不是人类所期待的理想社会。国家是有局限的,而"天下"则不是,中国人的天下一体观念、以对方为重的伦理情谊,使得"在进入共产社会问题上,今后中国人所可能较易者,他方社会殆未必然也"❷。

与梁漱溟相比,熊十力的确是从重新解释经典的角度来构建他的社会理想的。由此,他借助公羊三世说来解释《礼运》。看上去熊十力对康有为多有微词,说康有为特重《礼运》与公羊三世的做法来自于宋儒胡安国,并贬斥康有为只是"揣摩风会,未堪言学术也"。话虽如此,但他论证大同世界的内在逻辑与康有为却如出一辙。他在解释《论语》中"老者安之,少

---

❶ 梁漱溟:《中国:理性之国》,《梁漱溟全集》第四卷,第442页。
❷ 梁漱溟:《中国:理性之国》,《梁漱溟全集》第四卷,第442页。

者怀之"时说：

> 明是社会主义，以养老、育幼由公共团体负责，与《礼运》不独亲亲子子适合。尧舜禹汤本为小康世之圣王，《礼运》称美之词恰如其分。……叛大夫、谋革命，而孔子皆欲往，可见孔子已有实行民主、废弃统治阶层之志。

他说，汉宋群儒均未发现孔子作为圣人的主旨，"若识孔子志在进世太平，期全人类抵于群龙无首之盛，则尧舜禹汤只是小康时代之圣王，夫复何疑"？❶吕祖谦和朱熹都怀疑胡安国的说法，甚为可惜。在《原儒》解释此段话的时候，熊十力说这段话是"大同世之道德，与封建社会之道德相去天渊"。而汉代所确立的三纲是对孔子思想的"背叛"。❷

熊十力看重《周官》，解释"惟王建国"一语即是肯定这是以王道仁政观念治理国家，并由此反对一切的剥削和不平等，以及帝国主义欺负弱小的霸权行为。这与《大同书》精神一脉传承。在革命和平等的问题

---

❶ 熊十力：《论六经·中国历史讲话》，中国人民大学出版社，2006年，第25页。
❷ 熊十力：《原儒》，中国人民大学出版社，2006年，第53页。

上,《原儒》一书有非常大胆的判断。在这本被徐复观等弟子激烈批评的著作中，熊十力对儒家经典所做出的判别其激烈程度要超过康有为的《新学伪经考》。康有为的《新学伪经考》基本上还是站在今文经的立场上，强调了公羊口说的重要性，从而为他的三世说的历史观奠定基础。而熊十力则于今古文、汉宋之争概不着意，而以是否主张平等、实现大同为真伪之准绳。

> 儒学既不行于晚周，而六艺经传以千万数又亡失于汉初，……今存之五经，虽自西汉传来，其实皆遭汉人改窜者，六经之外王学，实不容许有少数人宰割天下最大多数人之统治阶级存在。❶

所以，在熊十力重新厘定的经典系统中，只有《周易》《春秋》《周官》才是孔子"真传"。而墨子、惠施、农家，"或为科学之先导，或为社会主义之开山，皆儒家之羽翼，不可不延续其精神也"❷。

熊十力的《原儒》一书，主要是要批驳康有为的思想。他对康有为的三世说提出了严厉的批评。在他

---

❶ 熊十力:《原儒》，第51页。
❷ 熊十力:《原儒》，第94页。

看来孔子作《春秋》，目的在于消灭阶级，不允许有贵族君主来统治天下百姓，董仲舒虽然了解孔子的本义，但他在《春秋繁露》中，所提出的三世说，将孔子贬低为"为汉制法"，对君臣上下等级反而有所肯定，这就将孔子的大同之义掩盖了。

熊十力讥讽康有为有抄袭的弊病，虽然推崇董仲舒，并不真正了解《春秋繁露》：

> 康有为《孔子改制考》本由杂抄而成册，取昔人之偶发一议，有异乎恒规陋习者，皆视为与《春秋》改制不异。其所抄集浮乱至极，而《春秋》废除君主制度，即推翻最少数人统治天下最大多数人之乱制，其义蕴广大宏深却被康氏胡乱说去。❶

在熊十力看来，因为不能分辨《公羊传》和《春秋繁露》已经与孔子的思想不同，所以，康有为虽然推崇《春秋》《礼运》，却又能做出复辟帝制这样自相矛盾的糊涂事。熊十力认为康有为对君主制度的迷恋恰好来自他对《礼运》的认知上的不彻底。

---

❶ 熊十力：《原儒》，第85页。

熊十力认为《公羊传》根本不可信，康有为根据"大义"和"微言"来区分据乱和太平之别是"妄说《春秋》"，"据乱世之大义，正与天下一家之公道极端背反"。❶只有何休的解释才留下了孔子三世说的一些素材。在何休这里，孔子的三世并非是不同的历史发展阶段，而是孔子假托历史以明其理想的三个步骤。即在据乱之世要拨乱反正，即以革命的手段推翻不平等的秩序。但要为全人类开辟太平，还必须经历升平世。❷由此，康有为三世说中十分纠结的"三世与大同小康"或"三世与平世乱世"的搭配，在熊十力这里涣然冰释。熊十力认定《礼运》就是表达"大同"理想的，孔子并没有属意"小康"。由此可见，康有为并没有真正读懂《礼运》。

> 康有为盛弘此篇，而剽窃其篇首大同义数条，实未通晓全篇文义，不悟后仓、小戴已变乱圣言，乃臆想孔子元有大同小康二种之说，见道不真，立义不定，将令后学思想浑乱，行动无力，圣学何至如此？❸

---

❶ 熊十力：《原儒》，第102页。
❷ 熊十力：《原儒》，第127页。
❸ 熊十力：《原儒》，第97页。

熊十力在书中批评康有为之处比比皆是，尤为夸张的是，他甚至认为孟子也没有领会孔子的春秋大旨。

从春秋三世说和《礼运》的大同学说的结合出发。熊十力把《礼运》看作是"春秋外传"❶，并断定孔子的外王学是要消灭阶级统治和私有制的。

> 孔子之外王学主张废除统治阶级与私有制，而实行天下为公之大道，余以董生所私授于马迁之《春秋》说与《礼运》参稽，得其确证。❷

不过，熊十力和康有为虽然都倾向于将"公羊三世"与《礼运》"大同"结合起来，但他们对于大同的理解有诸多的不同，常达分析说：

> 与康氏不同的是，熊氏仅取《礼运》中的"大同"部分，彻底将"小康"部分摒弃。他认为，"大同"从革命精神上讲，可与《大易》相

---

❶ 熊十力说："案《礼运》此文，盖《春秋》太平之义。经七十子后学传授，而戴氏录之于此。……如《礼运》大同小康诸义，显为《春秋》家言。"载熊十力：《读经示要》，中国人民大学出版社，2006年，第355、357页。

❷ 熊十力：《原儒》，第124、125页。

通;从民主建制上讲,可与《周官》相通;从三世变革与天下为公上讲,可与《春秋》相通。❶

作为熊十力的学生和精神的传承者,牟宗三对于自康有为以来的大同设计中对于国家和家庭的否定十分警惕,认为文化的理想必须在现实中加以展开,这一"现实"就包括国家、家庭和个人。文化根植于人性之中,任何具有人性尊严的人,必然会尊重国家和家庭,那种超越了具体国家和民族的"真理"是虚妄的。

> 我尊重我自己,我亦必尊重他人。我尊重我自己民族的圣哲及其所铸造之文化,我亦必尊重他民族的圣哲及其文化。真理之为普遍的,岂必即因而抹杀国家乎?横逆之来而无动于衷,这种人根本无悱恻之感的良知之觉,根本是陷溺于个人的自私而无客观精神。无悱恻之感,无客观精神的人,根本说不上追求真理。❷

---

❶ 常达:《儒家"大同"思想研究:以〈礼运〉解释史为中心》,北京大学博士学位论文,2021年,第五章。
❷ 牟宗三:《道德的理想主义》,吉林出版集团有限公司,2010年,第58页。

这里的批评对象应该包括了康有为和熊十力。在牟宗三的《历史哲学》等著作中，他利用"良知坎陷"和"内圣开出新外王"等一系列他所独有的范畴，用来说明儒家思想没有发展出科学和民主的缘由。因此，在牟宗三的思想里，儒家的理想社会转向以儒家的道德自觉来"提升"和"矫正"的民主政治。❶牟宗三并不看重超越国家的"天下一家"，认为唯有在肯定家庭和国家的前提下，天下才有意义。这种观念也可以看作对传统儒家"家国天下"结构的回归。牟宗三认为，只有儒家的理想社会是具体的和现实的，而非如佛教和基督教是外在于现实世界的，"天下一观念之有意义，完全在其对家庭国家之肯定而期有以融合之上而有意义。若谓天下离开家庭国家而可以自成一阶段，则它那个阶段便是空乏的，荒芜的"❷。

牟宗三所设想的天下大同的制度是一个大一统的整体系统，与家国个人这样的纵贯系统不同的是，天下所要处理的是国与国之间的关系，因此，其内在的

---

❶ 牟宗三说，中国文化开创了道德的自由和艺术的自由，西方文化发展了政治自由和理智的自由，我们要了解中国之短，然后找到中西文化契合之处。这就是说政治和科学是中国所要着力发展的。见牟宗三：《历史哲学》，广西师范大学出版社，2007年，第74页。

❷ 牟宗三：《道德的理想主义》，第65页。

精神要求不能是力量型的，而必须是理性、精神的谐和。

天下"是国家间的一个综合，它是容许'各自发展的异'中之同，它是承认它们而又处于它们之上的一个谐和，它不是由一个国家强制其他，因此，它不能不王道，不能不代表理性"[1]，否则就是一种侵略性和强制性的"同"。因为天下至大无外，它与一般民众的生活是间接的，而只是政治家之间的活动体现民众与这一体系之间的关系。牟宗三认为康有为式的大同是一个"梦想"，这个梦想以"外部的时间阶段之观点，以为家庭国家的阶段已过去，以为要实现大同，必须否定已经过时的家庭国家之封界，以为大同是为时间上一个可以独立的阶段，一个可以不要家庭国家为其充实之内容的阶段，把大同完全看成是一个外部的虚悬阶段"[2]。这样只可能否定个体，泛滥无归。

如果说，《大同书》的普遍主义倾向弱化了儒家的

---

[1] 牟宗三：《道德的理想主义》，第63页。
[2] 牟宗三：《道德的理想主义》，第61页。

面向的话❶，那么牟宗三的论述则既顾及了儒家观念的连续性，也考虑到多元一体的文化普遍主义的图景，从而避免了康有为《大同书》中消除一切差异，甚至消除种族差异这样的极端主义倾向。从历史的经验看，消除一切差异的"进步"其下一步必然是暴力专权和埋没个体，最终只可能是灾难。

现代儒家群体中，着重发掘儒家本身所具有的现代政治价值的钱穆对《大同书》评价不高。他说：

> 分析《大同书》含义，虽若兼容并包，主要不过两端：一曰平等博爱，此西说，而扬高凿深之，乃不仅附会之于墨翟，并牵率之于释迦。一曰去苦求乐，此则陈义甚浅，仅着眼社会外层之事态，未能深入人性、物理之精微。试问如长素说，无国界、种界，乃至无形界，男女同栖，一

---

❶ 萧公权就认为康有为在将孔子世界化的时候，其中国性和儒家性被削弱。他说："康氏在《大同书》以及其他著作中，显然将孔子世界化了，孔子不再是中国的至圣先师，而是全人类大同理想的先知。因此，康氏神话孔子，似也同时降低了孔子的中国性格。作为《大同书》的作者，康氏当然并不特别关怀如何荣耀孔圣，而是要如何使人间制度完美，以指出通往全人类快乐之路。《大同书》的结论也能看出康氏不以某派儒者自居，他于结论中预见儒教与其他由个别文明所产生的诸教，都将销蚀。"萧公权：《近代中国与新世界：康有为变法与大同思想研究》，第391—392页。

年一换，乃至无类界，人与鸟、兽、虫、鱼一视平等，果遂为至乐矣乎？孔、释、耶立教，皆有"无我"一义，《大同书》首曰"入世界观众苦"，此等描写，乃佛书烂套耳。苟会得孔、释、耶之无我，则此所谓众苦者，或皆非苦矣。长素独不虑此，虽打破国界、种界、形界、类界，苟使有我见尚存，恐终难觅极乐之趣。要之长素此书，其成之于闻见杂博者，乃长素之时代；其成之于扬高凿深者，乃长素之性度。三百年来学风，久务琐碎考据，一旦转途，筚路蓝缕，自无佳境，又兼之时代之剧变，种种炫耀惶惑于其外，而长素又以高矜之心理遇之，遂以成此侈张不实之论也。❶

在钱穆眼里，《大同书》思想、驳杂，夸张怪诞，毫无可取之处。

钱穆认为，康有为的大同思想中国的平等博爱来自西方和墨家、佛教，有一定的理据。但儒家之博爱说，亦由来已久。康有为之《大同书》固然有许多值得推敲的地方，但仅仅以"侈张不实"来评价，恐怕

---

❶ 钱穆：《中国近三百年学术史》（二），九州出版社，2011年，第742页。

不能理解乌托邦式的理想对于社会改造的正面作用。尤其是身处帝国主义侵略的民族危机阶段，追求美好的未来更是鼓励民族团结和奋发的力量。科学主义固然造就了理性和实证的态度，因此，难以对理想性的维度引发共鸣，但据此来进行诛心式的推断，恐亦不是理解康有为的合适的路径。

史家吕思勉的大同释义

朱谦之称自己为"大同主义的信徒"，认为中国传统政治的精神是大同主义。❶而在近代著名学者中，另一个大同主义的信徒当推吕思勉。

从大同理想出发，并以历史社会学的方式来阐发并证明其必然能实现者，史家吕思勉用力甚勤。他认为，拘执小康之理念来理解儒家之境界，只能让孔子蒙受诽谤，唯有阐发孔子之大同理想，才能纠正人们对儒家的误解。

> 世之自谓护卫孔教，而转使孔道蒙垢，诒害于

---

❶ 朱谦之：《大同共产主义》，《朱谦之文集》第一卷，第517页。

世者，实由执小康之义；甚至所执者，为治乱世之法，有以致之。欲拯其弊，非昌明大同之说不可。此义惟康南海最明，然皆以空言说经，不知社会变迁之情状，固无以使人起信。❶

与钱穆之贬低康有为不同的是，在吕思勉看来，康有为在阐发大同理想这一点上，有功于儒家。只是《大同书》所描摹的大同社会，不能从社会发展的历史规律出发，难以说服大众，因此，吕思勉之作《大同释义》就是要从史实出发来证明大同理想之"现实可行"性。

1933年到1934年间，吕思勉在光华大学开设《中国社会变迁史》，1935年《文化建设》以孔子学说为题向吕思勉征稿，遂改名《孔子大同释义》刊出，其要点是说明：古代的大同社会究竟存在于什么时代？为何在人类社会上会出现大同之世？这样的黄金时代是如何衰落的？在未来我们能否重回大同？

吕思勉根据《礼记·礼运》中的描述与中国早期历史的制度进行联系，来厘定大同社会的一些基本特点。比如，他把"男有分"解释为土地分配制度，也

---

❶ 吕思勉：《大同释义》，上海交通大学出版社，2018年，第56页。

就是井田制。井田制是基于土地公有制基础上的"授田制",然后根据土地的肥瘠等状况定期轮换耕种,体现了经济平等的思想。

不仅族群内的土地尽量公平分配,而且国与国之间的疆界也不能破坏,侵夺别国的土地就会破坏"讲信修睦"。田地之外的土地,并不进行分配,都有权利用此山泽之利,不过也有规则,比如,不能用稠密的渔网捕鱼,按季节采伐山上的林木。

社群内部实行公产之后,不同封建国之间也要实行救灾恤邻。吕思勉引用了《孟子·滕文公下》中关于生活于亳的汤为邻国葛提供祭祀用的牛羊和帮助其耕种的事例说,后世人以自己的生活经验判定这种事例不可信,并不是因为这样守望相助的社会不曾存在,而是因为从大同世堕落的人已经不能理解"力恶其不出于身"这个原则了。

那么,在吕思勉看来,大同之世当在何时呢?他说,人类社会的组织往往依其自然条件而立,畜牧和渔猎社会有杀伐之习惯;而农耕社会则不同,所从事的耕作需要协作和组织,社会物质条件较之其他形态更为富足,亦不主张侵略和抢夺,故而孔子所指的大同社会当为农耕社会。

吕思勉说,孔子以大同为人类之最理想社会,这并无异议。在现在社会，人们所怀疑的是，大同社会真实存在过抑或仅仅是孔子想象的社会。吕思勉认为这个社会是实有的。他的论证在今天看来并不十分有力。他的理由有二：其一是人的思想不可能无所依托，既然有大同之说，必然有大同之事实；其二是三代之英，皆实有其人，那么大道之行不可能只是想象。

吕思勉更认为对于大同的向往是早期中国诸子百家共同的愿望，"分界限而别人我，异善恶而定是非，因之以行赏罚，都不是至治之事。孔、老皆不认为真善。老子所以贵道德而贱仁义者以此。观孔子论大同之言，则孔、老宗旨，并不相背；不过孔子所论，以小康之治为多，而大同不过偶一及之罢了"❶。在吕思勉看来，墨子和许行等人的许多观念都保留了早期大同世界的价值和行为准则，这也是对宋明儒者怀疑《礼运》儒家属性的一种回应。

如前所述，不同地理环境的民族有不同的生活习性，故而，随着人类活动范围扩大，就会产生征战行为，从而产生征服族群和被征服族群，而区分出不同的社会等级和文明的差等（夷夏），并由血缘而形成宗法制度。在吕思勉看来，《礼运》中所论之男有分，女

---

❶ 吕思勉：《大同释义》，第74页。

有归，实质上已经包含有男女不平等的意味，无论是农耕社会的聘娶，还是游牧民族的劫掠，男人们往往以多妻为夸耀。但在殷周之际，"井田制仍存，山泽犹为公有"，制作器物、商业流通都不以逐利为目的，唯有国君凌驾众人之上。

吕思勉说，大同之降于小康，主要是基于智愚之分别。所以，仁与智是君子之德，而好利与愚昧则是小人之品行。在小康社会中，人们被要求安分守己。"父慈子孝，兄友弟恭，夫义妇听，长惠幼顺，君仁臣忠"是小康社会的伦理。但这样的伦理准则在私心面前，被不断的突破。随着人口的增加和交通的便利，人们的生活方式发生巨大的变化，井田制和山泽公有制，都被破坏。新器物的出现、逐利商人群体的兴起造成贫富差别和阶层固化，社会进入乱世。吕思勉认同《道德经》中"失道而后德，失仁而后义，失义而后礼"的说法，认为无论是法律还是礼教，乃至宗教都只是外在的管束而已，只会让社会江河日下，唯有在人心上下工夫，才可回复到大同社会。

吕思勉认为道家和农家都希望能拨乱世而返归大同，但他们脱离正常人类秩序的生活方式，让他们的主张难以落实。从儒家和法家的角度来看，儒家主张平均地权，法家重视节制资本，都是逐渐回复大同之治的方法。

吕思勉说，儒家秉持先富后教的策略，其基础是平均地权，让百姓能合生产和消费，并非如当今社会主张通过发展生产来解决物质匮乏的问题。吕思勉从某种程度肯定了王莽的"王田"政策，但并不认为王莽是儒家之理想主义者，而是兼儒法之道，因为他有经济上之国家管控政策。吕思勉说王莽改制最终失败，并非是因为其理想之错误，而是人们不再理解大同理想，甚至连小康之道亦难以实行。

那么，大同之理想是否无再复之可能呢？吕思勉说，那种认为大同世界不可实现的认知都因为拘执于小康的观念。阶级之产生，必然会产生不同阶级之间的矛盾，小康政治原则都源自于阶级对立的社会现实。可是，历史上的儒家都将之视为天经地义，而不能从人性本善去发现阶级制度的不合理性。若能从改革社会制度入手，辅之以改革人心，那么，大同之世，就有逐渐实现之可能。❶

在具体的做法上，吕思勉提出了三条道路：一是侧重农业，二是经济上注重分工协作，三是提倡节俭。如果说第一条是对马克思主义注重工业化批判的中国

---

❶ 参看吕思勉：《大同释义》，第53—54页。

化修正，那么后两条则是针对自由市场和消费主义观念的批评。吕思勉说，他所提出的三条道路是对《礼运》思想的阐发，我们应以此为目标，勇猛审慎地为实现这些目标而努力。这不仅能拯救国家，并能让世界脱离互相争夺、战乱频繁的苦海之中。

通过本章梳理，可见大同作为中国人的社会理想，并没有因为西潮的涌入而无人问津，而是作为社会达尔文主义与现代民族国家体系的批评维度，更是促进了社会主义在中国的传播。可以想见，在战争的炮火依然轰鸣的今天，在国与国因文化和贸易不断发生冲突的今天，大同的理念依然可以警示我们反思非此即彼的零和思维。在现代中国学者的重新阐发下，大同观念还浇灌了体现当代中国人世界观的"天下主义"❶思想。大同思想中的公有、平等、共享等价值也必将成为中国人对于这个世界的贡献。

---

❶ 这方面的著作可见赵汀阳包括《天下的当代性》（中信出版社，2016）等以及干春松《王道政治与天下主义》（孔学堂书局，2017年），以及即将出版的干春松、安乐哲主编的《重思天下》（北京大学出版社，2022年），该书收录了包括赵汀阳、安乐哲、贝淡宁、干春松、石井刚、郑宗义等来自世界各地学者对于"天下主义"和世界秩序等问题的讨论文章。

出版说明

历经数千年风雨沧桑的中华文化，绵延至今，生生不息，滋养着中华文明的持续发展，也成为当今世界重要的精神资源。

中国国家主席习近平在纪念孔子诞辰2565周年国际学术研讨会暨国际儒学联合会第五届会员大会开幕会上的重要讲话中鲜明指出，中华文明不仅对中国发展产生了深刻影响，而且对人类文明进步做出了重大贡献；强调要认识今天的中国、今天的中国人，就要深入了解中国的文化血脉，准确把握滋养中国人的文化土壤。

当前，我们正逢急剧变化的时代和文明格局，更为迫切需要读懂中华文化的博大精深，建立全面认知自身历史的版图；我们也需要对传统文化进行创造性转化、创新性发展，重新挖掘其被遮蔽和误读的内在价值；我们还需要在不同文化交流和多样文明对话的场域中，有能力充分展现中华文化的精髓和智慧。

由国际儒学联合会发起和支持、活字文化策划组织的这套"中华文化新读"丛书，因此应运而生。

丛书以对中华文化的前沿研究为立足点，汇集各领域当代重要学者的原创成果，以新视野、新维度、新方法阐释传统文化，以鲜活的语言深入浅出地解读我们的历史和思想，大家写小书，国故出新知。是为宗旨。

二〇二一年九月